让你的孩子
专心做事

著关欣

百花洲文艺出版社
BAIHUAZHOU LITERATURE AND ART PRESS

做一个合格
QUALIFIED
GOOD
MOTHER
好妈妈

图书在版编目(CIP)数据

让你的孩子专心做事 / 关欣著.—南昌:百花洲文艺出版社,2020.8
(做一个合格好妈妈系列)
ISBN 978-7-5500-3777-9

Ⅰ.①让… Ⅱ.①关… Ⅲ.①幼儿教育—家庭教育 Ⅳ.①G781

中国版本图书馆 CIP 数据核字(2020)第 127869 号

让你的孩子专心做事
关 欣 著

出 版 人	章华荣
策 划	邹晓冬
责任编辑	黎紫薇 吴 琼
封面设计	黄敏俊
制 作	胡红源
出版发行	百花洲文艺出版社
社 址	南昌市红谷滩区世贸路 898 号博能中心一期 A 座 20 楼
邮 编	330038
经 销	全国新华书店
印 刷	金华市三彩印业有限公司
开 本	710mm×1000mm 1/16 印张 6
版 次	2020 年 8 月第 1 版第 1 次印刷
字 数	67 千字
书 号	ISBN 978-7-5500-3777-9
定 价	22.00 元

赣版权登字 05-2020-98

邮购联系 0791-86895109
网 址 http://www.bhzwy.com
图书若有印装错误,影响阅读,可向承印厂联系调换。

您的孩子专注力不足吗?

为什么我家宝宝专注力这么差?他心爱的玩具都玩不了几分钟,一会看看他的小兔子,一会又东张西望想要别的东西。

其实,很多妈妈都有此类困惑,而培养孩子的专注力需要从娃娃抓起。古有云:教之道,贵以专。专注力是人们专心投入做一件事情的能力,良好的专注力对孩子今后的成长与学习至关重要,常常可以起到事半功倍的效果。

嘿,想知道自己宝贝的专注力是否存在问题吗?快来测一测吧。请仔细阅读选项,然后根据自己宝贝的实际情况,在最符合的选项上画"√"。如果宝贝在不同场合有不同表现,则以更严重的场景为准。(本测评以美国范德比尔特注意力诊断报告家长测评表为基础,综合考虑中国儿童成长发育的实际情况而制定。)

1.难以在完成任务中保持注意力:

　　□从不　　　□偶尔　　　□经常　　　□总是

2.与他直接说话时,他似乎不在听:

　　□从不　　　□偶尔　　　□经常　　　□总是

3.不能遵守一系列要求,不能完成任务:

　　□从不　　　□偶尔　　　□经常　　　□总是

4.容易被噪音或其他事情分心:

　　□从不　　　□偶尔　　　□经常　　　□总是

5.不注意细节或因粗心出错(如:在做作业中):

　　□从不　　　□偶尔　　　□经常　　　□总是

6.不能主动组织任务和各种活动:

　　□从不　　　□偶尔　　　□经常　　　□总是

7.总是要动或犹如被马达驱动:

　　□从不　　　□偶尔　　　□经常　　　□总是

8.在座位上手脚常常挪动:

　　□从不　　　□偶尔　　　□经常　　　□总是

9.上课时总喜欢东张西望,或做各类小动作,如玩转笔等:

　　□从不　　　□偶尔　　　□经常　　　□总是

10.当家长要求其坐在座位上时,他自行离开:

　　□从不　　　□偶尔　　　□经常　　　□总是

11.当家长要求其坐在座位上时,他四处跑动或爬动:

　　□从不　　　□偶尔　　　□经常　　　□总是

12.难以玩安静类的游戏:

　　□从不　　　□偶尔　　　□经常　　　□总是

13.说话过多:

　　□从不　　　□偶尔　　　□经常　　　□总是

14.提问尚未结束,回答已经出口:

　　□从不　　　□偶尔　　　□经常　　　□总是

15.喜欢的活动轮流排队时等不及要上:

　　□从不　　　□偶尔　　　□经常　　　□总是

16.打扰别人的谈话或活动:

　　□从不　　　□偶尔　　　□经常　　　□总是

17.做事质量低,敷衍塞责:

　　□从不　　　□偶尔　　　□经常　　　□总是

18.记不住老师的讲课内容或布置的作业:

　　□从不　　　□偶尔　　　□经常　　　□总是

19.对计划性事务感到烦闷,甚至抵触:

　　□从不　　　□偶尔　　　□经常　　　□总是

20.常常忘记每天必须完成的事项:

　　□从不　　　□偶尔　　　□经常　　　□总是

21.写作业速度慢：
　□从不　　□偶尔　　□经常　　□总是

22.写作业质量不稳定,时好时坏：
　□从不　　□偶尔　　□经常　　□总是

23.在公众游戏中不大愿意参与：
　□从不　　□偶尔　　□经常　　□总是

24.阅读持续时间短,尤其是长篇大论的文字或连篇累牍的图画：
　□从不　　□偶尔　　□经常　　□总是

25.躲避、不喜欢或不要做需费脑子的事情：
　□从不　　□偶尔　　□经常　　□总是

26.丢失任务或活动所必需的东西(如玩具、作业、铅笔、书)：
　□从不　　□偶尔　　□经常　　□总是

27.与成年人争执：
　□从不　　□偶尔　　□经常　　□总是

28.发脾气：
　□从不　　□偶尔　　□经常　　□总是

29.常不遵守或不愿意执行成年人的要求或规则：
　□从不　　□偶尔　　□经常　　□总是

30.把自己的错误或不好的行为归咎于别人：
　□从不　　□偶尔　　□经常　　□总是

31.情绪容易激动,易被人惹烦：
　□从不　　□偶尔　　□经常　　□总是

32.喜欢埋怨别人：
　□从不　　□偶尔　　□经常　　□总是

33.记仇并要跟别人扯平：
　□从不　　□偶尔　　□经常　　□总是

34.吓唬,欺负或威胁别人：
　□从不　　□偶尔　　□经常　　□总是

35.发起身体上的争斗:
　　□从不　　□偶尔　　□经常　　□总是

36.用说谎逃避麻烦或任务:
　　□从不　　□偶尔　　□经常　　□总是

37.肢体上待人不友善:
　　□从不　　□偶尔　　□经常　　□总是

38.故意打坏他人东西:
　　□从不　　□偶尔　　□经常　　□总是

39.喜欢未经允许进入他人的空间中,如房间、店铺或车子内:
　　□从不　　□偶尔　　□经常　　□总是

40.因怕犯错误而不敢尝试新事物:
　　□从不　　□偶尔　　□经常　　□总是

41.感到自己能力差或自卑:
　　□从不　　□偶尔　　□经常　　□总是

42.常常自责,感到内疚:
　　□从不　　□偶尔　　□经常　　□总是

43.感到孤独、无助、不被喜爱;抱怨"人家不喜欢他/她":
　　□从不　　□偶尔　　□经常　　□总是

44.常常悲伤或不开心:
　　□从不　　□偶尔　　□经常　　□总是

45.强烈自我感觉容易窘迫:
　　□从不　　□偶尔　　□经常　　□总是

★**评分标准:**选"从不"得4分;选"偶尔"得3分;选"经常"得2分;选"总是"得1分。将各题所得分数相加,就是你的测试分数。妈妈们,你们算出孩子的总分了吗?

★**测试结果:**如果总分超过150分,表明孩子在专注力方面表现不错;如果总分在120至150分之间,表明孩子的专注力稍有欠

缺,通过一些科学的训练方法能够较快地提升专注力;如果总分在90至120分之间,表明孩子的专注力存在一定的问题,需要给予系统的训练进行改善;如果总分低于90分,则说明孩子专注力较弱,亟须重视,针对性地开展专注力训练,全面改进孩子当下的状态。

◀ 作者有话说 ▶

别让孩子的专注力毁在自己手里

孩子的降生都伴随着一声啼哭,那是他们第一次专注于表达自己的新生。那一声啼哭是那样响亮,清脆而果断,没有丝毫的杂念。在专注力教育中,父母们常遇到许多困扰,可谓"心有千千结"。其实,父母只是不敢相信,孩子的专注力是与生俱来的。从他们学会抬头、东张西望开始,孩子的专注力便一点一点显现。他们会对感兴趣的事物产生热情,虽然在我们看来,这样的热情真的非常短暂,但是随着时间的推移,他们的专注力会与日俱增,持续专注的时间会逐步延长。然而,这的确是一个很漫长的过程。

1.孩子专注力不好？多半是误解!

我们身边许多父母总会抱怨自己孩子的专注力不好,也许是因为常常看见一个四处寻找新鲜事物的小宝贝,或者对各种玩具玩一会儿就丢弃的小朋友;还可能是遇见了不断问各种奇怪问题的孩子,他们似乎对什么事情都充满好奇,然而问过之后迅速遗忘,或者转移另一个话题,好像对任何事物都没有丝毫专注;更多的时候是,发现身边的小朋友上课不认真听讲,做作业不认真,做事心不在焉。

回忆一下,我们自己不都是这样长大的吗？只是在养育孩子的过程中,我们仿佛站得太久,而忘记了那些跌跌撞撞的时刻;我们对

ABCD 烂熟于心,而忘记了最开始学音标时候的烦闷;我们对树木、花草、一切生物都太过熟悉,而忘记了那些刨根问底的瞬间。我们曾经对世界充满了好奇,面对所有新的事物都想去了解一下,然后没多久发现自己并不是真的很喜欢,就不再去探究了;经常听见班主任对父母说,你孩子挺聪明的,就是不认真学习,总是开小差、犯小错。

我常听到闺蜜们聚在一起聊天,话里话外总是少不了抱怨家长里短,其中孩子是亘古不变的话题。闺蜜 A:"你家佳佳怎么样?最近幼升小压力可大了,你看我家隔壁老王家的孩子,人家唱歌跳舞都学了,还报了朗诵培训班和小主持人培训班呢,现在幼儿园门槛可不低,你得赶紧让你家佳佳学起来呢!我家乐乐没有机会了,我后悔没坚持让他小时候多学几个才艺,现在上小学了,很多都没机会学了。"闺蜜 B:"我感觉现在孩子压力挺大的,但是我也得让他们多学点,没办法,竞争靠的就是真本事,这些才艺不仅能陶冶情操,还能学得一技之长,我得给悠悠再报两个班去。"每当这个时候,我都会说:"我就想先观察孩子的兴趣,再考虑选择学习什么。"而往往我话音未落,批评的声音便来了,闺蜜 C:"你怎么能这么想呢?你知道孩子 3-6 岁这个阶段多宝贵吗?怎么能依靠观察兴趣?小孩子的兴趣能专注吗?再说了,技多不压身,知道吗?你知道上学之后课业压力多大吗,到时候你还指望他学什么呢?如果什么课都需要补习的话,他兴趣班没什么时间的。"闺蜜 D:"是啊是啊,你别想得太美好了,孩子都没有专注力的,都要家长逼着学才行。再说了,我们也不指望孩子学得多好,但是得有点可以展示的东西,不然以后去参加各种面试都没资本了。别人的孩子都是各种技艺傍身,你得好好想想这个事。"

2.太多的干扰容易影响孩子的专注力

每到这个时候,我就会想起乐乐四岁时那疲惫的小眼神。那时候乐乐妈妈每天带着乐乐奔波于市少年宫和各种私人开办的兴趣

班,拉丁舞、武术、围棋、葫芦丝一样没落下,英语、速算等兴趣班也安排得满满当当的,晚上还得安排孩子加强各个项目的训练,每个项目半个小时,经常孩子刚弹完一段钢琴,妈妈又得催着孩子去和爸爸下围棋,围棋也许还没有完成,看到比较晚了,又赶紧催着孩子巩固一会儿英语。这些学习内容在成人看来确实很容易完成,但是对于一个4岁的孩子来说,并不那么容易,而且在较短时间里要完成这么多项目,注定有些项目是没办法高质量完成的。对于乐乐来说,也许刚对钢琴有点兴趣了,又被妈妈打断了;与爸爸的围棋比拼就快见分晓了,再一次被迫放弃。这样一日复一日的,孩子的兴趣班学习效果不知如何,身体状况也不知道会不会受到影响,但是可以肯定的是,他的专注力水平一定会有所下降。

还有一次,我替乐乐妈妈接乐乐放学,回家后,乐乐兴高采烈地想和妈妈分享在幼儿园的趣事,但乐乐妈似乎并不在意乐乐想说的,转而询问上课内容:"乐乐,你今天英语学了哪些单词呢?说给妈妈听听。"乐乐说:"我想和你说说今天我们班王子怡过生日的事,我也想过生日……"话还没说完,妈妈说道:"你生日还早呢,以后再说,先给妈妈说说,今天上课你都学了什么单词。"这时候奶奶过来,问乐乐:"你要不要出去散步休息一会儿呢?上了一天的课累了,去洗个澡吧,舒服点。"爷爷又问道:"乐乐,和爷爷下一盘棋吧,放松一下,你最喜欢下棋了,是不是?"进门不过十分钟,乐乐一家子已经围着他说了太多太多话,我看见孩子窘迫地不知道如何一一回答,最后自己闷着头回房间了。

不要小看这样一个习以为常的举动,总是刻意打断孩子的思维,日积月累,对他的心理成长将会带来很大的影响。至少在专注力培养方面,这样的教育方式可能会"毁了"孩子。常常被打断或者给予太多的选择,会让孩子们对选择更加困难,或者可以理解为为孩子提供了不专注的机会。比如乐乐妈妈的行为,原本她让孩子学习过多项目就容易使孩子分心,一个晚上的时间本就不算充裕,仅仅让孩子学习一个项目,或者在学习下一个项目之前,确保孩子愉快

地完成上一个项目,这样的话,便能够很好地培养孩子的专注力。在孩子完成任何任务之前,请多给他一些时间,不打断,便是最好的专注力培育方式。

3.请给孩子足够的空间和时间

我身边有位和乐乐妈妈相反的"懒妈妈",她经常带孩子出去玩,然后坐在一旁看着。有一次,我看见孩子摔倒了,我立刻想跑过去扶孩子起来,她阻止了我,缓缓地说:"你别急,等等他自己站起来。"然后我看到她家孩子花了很长时间才蹲好,然后慢慢站起来,又蹲下去,拾起让他摔倒的小木棍,仔细看了小木棍一阵子,然后跟跟跄跄地走过来,笑眯眯地把小木棍给妈妈,似乎在说:妈妈,我发现了让我摔倒的小木棍呢,我战胜了他喔!透过那个骄傲的小眼神,我读出了这位妈妈的智慧。给孩子空间和时间去专注于自己感兴趣的事,孩子的专注力才能与日俱增。拾起这根小木棍对成人来说,不过是一秒钟的事,轻而易举,但对一岁的孩子来说,这一次的拾起是他专注的开始,也是他收获信心的开始。一点一点的专注,一次又一次的胜利,孩子的专注力和自信心都会积累,为他日后的发展打好基础。

一个孩子,拥有不专注的表象本就是一件十分普遍的事,这和孩子们的生理发育有关。作为妈妈,我们可以通过以身作则的示范,循循善诱的教育,以及充满智慧的方式,让孩子的专注力一点点聚集。我们无须太过苛责孩子,因为他们都是我们的影子。我们的职责不是解决他们的问题,而是欣赏他们的天赋。他们不过在重复着我们的曾经,我们最好不要走我们父母那样的老路。妈妈们,请给您的孩子多一些时间,多一些空间,相信您的宝贝一定会如你所愿那样专注!

目 录

第一章

让孩子专注起来真的很难吗？

① 我家孩子总是三心二意

案例

小新是一个3岁小孩,马上要上幼儿园了,小新妈妈现在正兴奋又担忧:"小新在家里总是不听话,我给他读绘本,他一开始还很高兴,看了没多久就不看了,非要拉着我们去玩玩具,玩了玩具又要出门,感觉干什么事都没有定性。他对我们的安排总是特别反抗,我们让他做这个事,他就要做另一件事。他还特别固执,好像永远听不见我们说话,我都不知道该怎么教育他,平时在家不好好玩玩具,就喜欢鼓捣大人的东西,我的手镯都不知道被藏到哪里去了,耳环也不见了几个,家里乱七八糟的,都是这小家伙的功劳。小新在家里坐不住,不知道去幼儿园能不能改善一些。"

我问她,小新最喜欢什么,她说不清楚:"这么小的孩子应该没有特别喜欢的吧,感觉他一会儿喜欢收拾我的小物件,一会儿喜欢收拾爸爸的眼镜盒、皮带等等,这能算喜欢的事物吗?平时还喜欢不停地敲门、敲桌子等等,弄出巨大的声响。感觉他脾气很暴躁,一言不合就发怒,尤其讨厌我们拦着他做一些事。"我再问她:"那这种情

况下,你一般怎么做呢？"她轻描淡写地说:"当然得说他啊,当然说完之后他就特别不高兴,经常用更大的声响来反抗,我们对这方面特别头疼,害怕他去了幼儿园不能和小朋友们友好相处。"

专家锐评

请耐心呵护孩子短暂的专注力

小新作为一个 3 岁孩子,不能够专心吃饭、专心玩玩具,其实这是该年龄段孩子的普遍状态。我们经常听到这样一个说法,可怕的 2 岁、恐怖的 3 岁和忍无可忍的 4 岁。没错,你正在经历孩子成长中最闹的时候。你拼尽全力学习,从选材到烹饪都极尽心力的一顿饭,无论耗时多久、造型如何精致、味道如何可口,换来的可能都是小嘴巴一撇:"我不想吃!"你想象中的吃得津津有味的画面永远不存在,你每天都在经历满怀期待却又瞬间落空的巨大失落。又或者你认认真真工作了两三个小时,正考虑保存一下处理好的文档,结果,电脑突然黑屏,只听见孩子的坏笑声从桌底钻出来,然后孩子一溜烟跑得无影无踪。是的,你会非常生气,但是这就是 3 岁的孩子。其实,你所看到的这些恼人的日常,都隐藏着孩子们的专注力。

你一定很好奇,他到底专注了什么呢？这一天天不是都这样毫无章法的玩耍吗？一会儿玩这个,一会儿玩那个,这哪里专注了？请你静下心来,想一想,他看绘本的时候,是不是有几分钟的专注,可是当你这时候刚巧接了一个电话,或者回了一条短信,而你又恰巧站在玩具附近,那么他的专注力便转移到玩具了;他正认真地玩玩具的时候,爷爷奶奶刚好从外面买菜回家了,一声喊叫之后,他看到了门,便又想要出门了。这就是孩子专注力的特性。

孩子天生就具有非凡的专注力

想要理解孩子的专注力，首先，我们来了解一下什么是专注力。所谓专注力，是指一个人能够把视觉、听觉、触觉等感官，集中到某一事物或活动上的状态。由于专注力，人们能够集中精力去清晰地感知事物，深入地思考，且不被其他事物干扰。由此可见，专注力具有鲜明的指向性和集中性。对于孩子而言，他们由于大脑发育不完善，神经系统兴奋和抑制过程发展不平衡，很难对某一事物产生较强烈、具体的指向，常常表现为对某一事物的专注力不够，或者不够持续。比如今天喜欢苹果，也许明天就喜欢桃子，或者一会儿能够特别专注，一会儿就特别容易分心。根据相关研究表明，对于 3 岁之前的孩子来说，他们集中注意很难超过 5 分钟；但到了三四岁，孩子专注力时长最高可达 10 分钟，能够做到在一些基本生活活动时不被干扰，如进餐时不边玩边吃；孩子 4-5 岁时，能专注于操作性学习活动 15 分钟左右，对成人布置的任务或提出的要求听懂并记住；孩子 5-6 岁时，能够专注于安静活动 15 至 20 分钟，并且能在活动受到干扰后，尽快回到原本正在进行的状态，在集体活动时能够听懂别人讲话并积极回应。

其实，孩子们天生都具有专注的能力。只要我们有足够的耐心，就会发现，从出生开始，孩子的专注力其实超乎想象。两三个月的时候，他们可以专注地看着父母笑一会儿；六七个月的时候，他们能够对着色彩卡片看十几秒，一岁左右的时候，他们已经能不断重复某一行为。如这个案例中出现的小新，他不间断地敲打桌椅等事物；或者有的孩子拿着一些东西跌跌撞撞地走来走去，即使经常摔跤仍然乐此不疲，等等。这些行为表现的背后，就是孩子们的专注力。

孩子"无趣"的行为背后隐藏着专注力

很多家长们只是在日常生活中忽视了宝贝们宝贵的专注力,因为有些事物在成人看来确实很无趣。事实上,无论是成人还是孩子,兴趣都是专注力最重要的源泉。正因为对某类事物具有强烈的感知欲望,才会一遍又一遍不断重复去摆弄、去探究。按照心理学的解释,重复做同一件事的行为被称为"常同行为"。意大利著名儿童教育家蒙特梭利认为:这种反复练习对儿童来说是智力体操,对孩子的成长至关重要。

在成人看来,孩子们不断重复的事物,实际是他们已经经过长时间的接触、了解,获得了足够的认知,因而不应再有什么兴趣了。所以我们偶尔需要放低姿态,不把自己当妈妈,让自己回到小时候,和孩子们一块去做一些无趣的事,这样孩子们会更加开心,孩子开心的时候,也是他专注力最好的时候。所以,只要不违反原则,陪着他们一块玩,或者给予一点点支持,有何不可呢?

我们必须承认,孩子的认知能力有限,面对这精彩的世界,他们每获得一份认知都需要经过千百次的重复行为。只有在这个过程中,他们才能够获得对某一事物全息的了解,也才得以获得足够的心理能力、充沛的技能,以及进一步延展这些行为的能力。作为妈妈,我们就静静看着,默默陪伴,从那些表面的三心二意里找到他们的兴趣所在吧!

妈咪魔法棒

孩子的专注力是如此不同,我们想要培育孩子的专注力,就必须首先认识到什么是专注力。当我们静下心来,仔细观察,也许你会发现,你的孩子是那么专注。甚至你会发现,孩子们能做到许多成人

无法做到的专注,比如不断地重复一个看似无趣的举动。他们小小的眼睛里闪烁着智慧的光芒,充满着对这个世界的爱恋,以及对这些知识和技能的渴求。

科学地认识孩子独特的专注力

作为妈妈,对孩子的专注世界获得正确认知是做好相关教育的前提。请放下你的成人身份,走进你孩子的内心,尝试去观察他所观察的东西,思考他所思考的事物。在这样的一个过程中,你不仅会获得对孩子专注力的新认知,也能够获得孩子对你的信赖及肯定,同时,可以给予孩子提升专注力的信心。

我们必须清醒地认识到,任何一个成长的过程,必然伴随着受伤,他们在学会爬行之前,必然经历无数次翻转失败;他们在学会站立之前,必然遭受数十次的跌倒乃至摔伤。每一次的挫折对孩子来说,是成长的代价,也是专注力的最佳注脚。

孩子们比我们想象的更加坚强且富有耐力,他们的专注是迷人的,是出众的,是超乎成人想象的。妈妈们,请多多了解一下你的宝贝,只有你对他足够专注,你的宝贝才能够专注,更好地发挥出专注力的能量,在后续的学习、生活中给予你更多的惊喜。

② 专注,是孩子一生的财富

案　例

1991 年,美国独立日的那个周末,在有心人的撮合下,全世界最富有的两个人巴菲特和比尔·盖茨第一次见面了,他们并没有过多

的客套寒暄，而是直接进入聊天主题。来参加这次聚会的嘉宾很多，不少人从花园跟随到海滩，然而，巴菲特和比尔·盖茨似乎根本没有注意到周围的环境，甚至没有注意到过来打招呼的人。

直到太阳落山，晚宴将要结束的时候，二人仍意犹未尽。原本比尔·盖茨准备乘坐晚上的班机离开，但是飞机飞走了，比尔·盖茨却留了下来，他依然在享受与巴菲特聊天的乐趣。之后，比尔·盖茨的父亲问了在座所有人一个问题："人一生中最重要的是什么？"出乎意料的是，两位商界奇才给出的答案一模一样：专注。无独有偶，乔布斯在接受《商业周刊》时也说过，"专注"是他成功的秘诀。

巴菲特一生只做投资，而且只在他熟悉的领域投资。当科技领域快速发展时，很多人因投资该领域发了大财，巴菲特不为所动；而当科技泡沫幻灭时，很多人都血本无归，他却能独善其身，并取得骄人业绩。比尔·盖茨擅长软件编程，一生便专注于软件这一领域，从而做出了世界最大的软件公司。

看看他们聊天的状态就知道，巴菲特与比尔·盖茨在面对自己感兴趣的事情的时候可以做到心无旁骛，如此认真和专注，何愁谈不好一件生意，做不好一件事情呢？

专家锐评

亲爱的妈妈们，你们是不是也希望自己的孩子能够像比尔·盖茨和巴菲特那样专注，成为某一领域的专家，或者某一行业的领头羊？我相信，每一位妈妈对自己的孩子都充满着美好的期许。事实上，一个人的成功绝非偶然，掉馅饼的事永远不会落在没有准备的人身上。显而易见的是，专注力仿佛就是成功人士的标配。且不说这些世界名人，就让我们看看身边那些学习工作能力非常强的人，哪一个不是具有一定专注力？

良好的专注力有助于孩子成长成才

俄罗斯教育心理学的奠基人乌申斯基曾经说过：专注力就好比一扇门，从外部到灵魂的东西都必须通过这扇门才能进入。我们仔细观察就会发现，成绩优异的孩子通常都具备更加科学的学习方法以及较高水平的专注力，所以学习效率相较于其他孩子高很多。这也印证了古罗马著名哲学家西塞罗说过的一句话：无论多么脆弱的人，只要他能够将所有的精力都集中到唯一的目标上，那么无论怎样，他都会有一定的成就。

由此可见，专注力对一个人的成长成才是多么的重要。蒙台梭利也曾说过：人类最好的学习方式就是在幼儿阶段培养了聚精会神的学习态度与学习方法。《3-6岁儿童学习与发展指南》中指出：专注力是学习品质中学习行为与习惯的重要内容，幼儿在学习活动中表现专注，集中精神努力完成一定的活动任务，对于幼儿良好的个性形成和发展至关重要。古今中外的历代名人都已经用实践证明了，幼年阶段专注力的培养对人一生的影响。

孩子专注力训练的重要意义

对孩子来说，专注力是学习力的基础，也是思维力、想象力、创新力的基础，是孩子们适应环境最基本的能力。幼儿阶段培养好孩子的专注力，一方面能够有效提高孩子的学习能力，促使他们把注意力集中在某件事情上，主动地探求未知的东西，寻求解决问题的办法。如：经常搭积木的孩子更容易掌握组合与分解的技巧，这对今后提升数学思维能力具有重要作用。

与此同时，专注力训练有助于孩子提高对各类事物的兴趣，能促使孩子在获取和消化知识方面更有效率。当专注力的训练成为孩子生活的一部分时，孩子对学习的兴趣会大幅提升，可能不再认为学习是一件困难的事情，从而爱上学习这件事，经常主动学习，遇到困难也能够迎难而上。

除此之外，专注力的训练还有助于锻炼孩子的毅力，激发孩子的好奇心，这可以看作是一个良性循环的过程。当孩子热衷于玩某一件玩具并且长时间摆弄时，不知不觉中，他们的毅力和恒心便得到了锻炼，面对困难时因为兴趣浓厚，能够努力克服之前散漫的习惯，沉着冷静处理问题，慢慢地形成稳定的心理素质。

还有至关重要的一点，在孩子的品格教育中，专注力往往和自信心紧密相连。我们经常会发现，一个具有较强专注力的孩子，往往也具有满满的自信心，对周遭的事物都充满了好奇。当专注力渐渐成为孩子的显性品格，那么剩下的一切就可以交给时间，你会看到一个对生活充满热情的孩子，一个对任何事物都喜欢研究、探索的孩子，他正在不断专注地思考，专注于获得知识，内心变得越来越丰盈，做出的成绩越来越好，自信心便随之而来。

妈咪魔法棒

专注力的习得并非一蹴而就,这是一段看上去漫长又艰涩的旅程,和所有的困难一样,它会是我们育儿过程中较大的考验。作为妈妈,我们需要足够的智慧、耐心,我们需要充分的陪伴、观察,我们还需要不断地自省、纠正。请相信,在培养孩子专注力的过程中,妈妈自身的收获可能比孩子还要大,我们不仅会收获一份更加亲密的亲子关系,还能够与孩子共同成长、共同感悟生命中最美好的时刻。

正视、陪伴孩子的专注力发展

在培养孩子专注力的过程中,我们最需要做的,就是正视孩子的专注力情况,然后陪伴他一起成长。

首先,你需要认真分析一下宝贝专注力缺乏的根源,是不是在某些方式没有培养良好的习惯,抑或原本性格如此?比如:吃饭的时候总是需要奶奶追着喂,玩玩具的时候总是希望有人陪伴、互动?又或者总是莫名其妙发脾气,玩得好好的时候突然不想玩了?

其次,当遇见以上这些情况时,请先不要随意批评你的孩子,愤怒和无奈都没有用,不如从现象入手,换一种思维方式去看待我们的宝贝,换一种沟通方式、教育方式,尝试去改变他以前专注力不够的情况。比如:我们可以给他多一些时间自己吃饭,也许吃得很慢,但是由着他慢慢来、试试看,也许坚持几天你会收获一个能够专注吃饭的宝宝;又或者玩玩具的时候,我们保持安静坐在一旁,让他自己玩一会儿,也许第一天只有两分钟,慢慢坚持,每天增加一分钟,那么10天之后,宝贝的专注力便可能达到10分钟了。

很多时候，我们希望孩子改变，需要先从改变我们自己开始，再循循善诱地引导孩子慢慢做出改变。我们从一件小事开始培养孩子的专注力，然后慢慢地增加需要孩子专注力的项目。在这样的过程中，切忌着急，一定要慢一点，再慢一点，相信时间的胜利。当我们做妈妈的开始改变，也就是孩子改变的开始。

③ 总喜欢看电视算是专注吗？

案 例

我经常看到身边的父母刚开完家长会，便开始张罗私下的茶话会。家长A："我家孩子最近喜欢弹钢琴，我刚给她买了一架，让孩子趁着上幼儿园学业不紧张多掌握一项技能，等读小学了就可以考级。"家长B："我家孩子不喜欢乐器，喜欢看古诗词，我经常带他去各种国学班，效果很好，孩子从小就懂得不少中国传统文化。"每到这个时候，小米妈妈总显得特别低调，当别人问起她："您家孩子喜欢什么？最近在学习什么？"她回答不上来。

回家之后，她开始对着小米一顿指责："除了玩游戏，你怎么好像没有一丁点爱好，你看看你们班里的紫玉，从小就学钢琴，以后还打算考级呢。你再看看王鑫，人家从小会被那么多古诗。你都五岁了，怎么还是一点不懂事呢？不

爱学习也没有特长。现在竞争压力这么大，你这样以后怎么在社会上立足？"小米回答道："我有喜欢的事物啊，我喜欢看电视啊，那些动画片我都觉得很精彩呢。"妈妈怒不可遏道："你怎么就不能有点正常的爱好呢？你不喜欢唱歌跳舞，也可以试着喜欢读书啊，整天就知道看电视，有什么用呢？"小米反问她："为什么看电视就不能算爱好呢？那些动画片里的人物都很有意思啊，我以后也想自己画这些人物出来呢。"妈妈一时语塞，生气地摔门而出，留下小米孤零零地站在房间里发呆。

从那以后，小米妈妈便经常对家里人说："这孩子没啥希望了，不要太指望她了。"

专家锐评

小米妈妈的困惑或许也正是很多妈妈的苦恼。

"我就要看电视！"

"不行，一分钟都不可以，对你眼睛不好。"

"再给我看五分钟吧！"

"不行，我说了不行就是不行，一分钟都不行。乖，听妈妈的话，写作业去，或者弹会琴去……"

我想，这应该是很多家庭中妈妈和孩子间的对话。"不行"、"不准"几乎成了妈妈的口头禅。可是，这样的沟通结果往往是，孩子生气地走开，敷衍地完成我们布置的任务。很多妈妈都和案例中的小米妈妈一样，认为看电视是影响孩子学习的罪魁祸首，孩子不好好学习所以专注力就很差，同时，也担心孩子看多了电视影响视力。电视也好，其他电子产品也好，成了我们这个时代生活的必需品。想让孩子做到完全不看电视或者不使用任何电子产品是不切实际的。甚至，妈妈一味地横加干涉，可能效果适得其反。

发展兴趣爱好有利于孩子专注

那面对这样的情况,妈妈能怎么办呢？我们回避不了时代的发展,就要想办法利用好时代给予我们的。妈妈要适当给孩子一些发展兴趣爱好的空间,尤其是当孩子第一次提出对某事物感兴趣的时候。不管我们是否了解这个事物,先不急于肯定或否定,试试陪着他去深入了解一下,陪着他多专注一会儿,如果确实不够好,再进行调整也来得及。比如:案例中的小米妈妈,她内心不赞同孩子看电视,她也许只是看到了太多沉迷于电视而无法自拔的孩子,实际上,小米对电视制作很有研究兴趣,如果小米妈妈愿意的话,陪孩子看五分钟电视,或者让孩子自己单独看一会儿,真的不会对学习造成多大影响。当然前提是,我们需要规定时间。

其实孩子的专注力原本就是有限的,我们需要做的是,观察他在有限的时间内是不是真的足够专注,而不是一味地否定或者肯定他专注的事物。看电视的方式有很多种,有的孩子就是天生视觉敏感,喜欢看电视也许正是他迈向影视领域的第一步呢。当然,如果孩子确实没有自制力,那更需要给予一些严格的规定,这样也能够激发他们在一定时间里专注做好一件事。

学会理解孩子独一无二的专注

我们都知道,每个孩子都是独一无二的。我们会发现,有些孩子天生神经系统比较敏感,他们的视觉、听觉、嗅觉等感官系统比其他人更加敏锐,他们容易被一些刺激所吸引,但是也容易被另外一些刺激所干扰;有些孩子从小就对某些固定事物敏感,不容易受到外界其他刺激的影响,能够较为专注地对一个或者几个固定事物产生

兴趣。我们还会发现,有些孩子天生有明确的喜好,很小的时候就对某一个固定的事物充满兴趣;而有些孩子会很长时间都没有特别的兴趣爱好,因而专注力始终不明显。案例中的小米,其实有明确的专注点,只是她的喜好不被妈妈认可。谁规定喜欢动画片就不能是兴趣爱好的一种呢?只是这个爱好不符合某些成人的较高标准罢了。

作为妈妈,我们似乎总是这样的焦虑,孩子小时候和别家孩子比体重、比身高,大一点了比才艺,再大一点了比成绩,我们似乎永远喜欢和别人比较,生怕自己的孩子落后一丁点。可是每个人都有长处和短处,谁能判定别人的长处就一定是最棒的呢?就好比案例中的小米,她对电视这么感兴趣,说不定以后有机会学习了艺术,做了动画导演呢。小米妈妈只是因为不了解,便不认可这一切,这对小米的人生来说就太遗憾了。

专注力是一种先天的气质

其实,孩子的专注力是一种先天的气质。首先,这与遗传和大脑的结构有关。孩子先天的性格不同,专注的气质就会相差甚远。通常来说,性格内敛的孩子相对安静,更容易专注在某一件事情上,而活泼好动的孩子,因为需要更多的运动刺激,所以长时间专注在一件事情上的能力会弱一点。其次,专注的侧重点也具有较大差异,这与人的智能性有较大关联。美国哈佛大学心理发展学家霍华德·加德纳于1983年提出,学校只强调学生在逻辑—数学和语文(主要是读和写)两方面的发展,但这并不是人类智能的全部。实际上,不同的人会有不同的智能组合,好比有些孩子先天在空间感方面能力较强,那么他的专注力培养可能主要在建筑或者绘画、雕塑方面;而有的孩子先天在肢体运动智能方面突出,那么如果有侧重地向体育运动方向或者舞蹈等艺术方面培养专注力,也许能取得事半功倍的效

果。

狄更斯说,这是最好的时代,这是最坏的时代。好坏的评价在于你看到了事物的哪个方面。孩子们看电视也好,喜欢玩游戏也罢,这并不一定说明他专注力不好,反而很有可能就是专注力好的表现,是作为家长的你可以好好培养的方面。世界这么大,行业这么多,很多我们不了解的事物,不妨跟着孩子一起学习一下。好的事物需要坚持,不好的事物也可以调整。妈妈们,当你不再抵触这些事物时,才能够利用好它们,并且借助它们培养好孩子的专注力。

妈咪魔法棒

走进孩子的世界,发现专属于他的专注力

人类之所以成了万物之灵,是因为人类具有高度发达的智能。所谓智能,是智慧和能力的统一。大千世界,每个人智慧水平和行动能力千差万别,智能方向众多。作为妈妈的我们是如此渺小,并不能够掌握全部,所以不如走进孩子的世界,和他一起学习一些之前不了解的事物。也不要和其他孩子比较,他有自己专属的性格气质、脾气秉性,他也许一时半会儿找不着方向,也许早已有明确的专注点,只不过被我们忽略了,要相信,他一定有他最爱的事物。

人的智能只有差异,没有高低;无论是早慧或大器晚成,都没有优劣之分。除此之外,人的专注力的强弱也各有差异,我们无须比较。一个阶段的成绩是否优秀,掌握的技能是否丰富,只代表孩子在某个阶段某个方面的能力,不能代表其他方面智能水平的高低,所以不要以孩子某个阶段的行为表现去判定孩子的好坏、智能的高低。请多给孩子一些时间,去探索自己最想要专注的事物;再多给孩

子一些空间,让他们得以尽情徜徉在想要专注的领域里。这样他幸福,我们也会更加幸福!

④ 孩子口中的理想可信吗?

案 例

国内有部关于孩子成长的纪录片《零零后》,这部堪称中国版的《人生七年》,用整整 12 年的时间,记录了在同一所幼儿园成长的孩子。片中有位孩子令我印象十分深刻,他叫锡坤,两岁进入幼儿园时,非常富有探索精神,经常在幼儿园和小朋友一起做实验,老师没有禁止,也认为锡坤的探索能力非常强。当时锡坤妈妈问锡坤,你觉得你身上什么素质比较适合当科学家呢? 锡坤回答:"我是一个不怕枯燥的人,也是一个有耐心的人,所以我可以当科学家。"

显而易见,这是一个对科学充满兴趣的孩子,而且从小就对自己的兴趣具有强烈的指向性。他对科学的专注令人心生敬畏。但非常遗憾的是,锡坤妈妈不能接纳这样的孩子。她认为,锡坤的探索精神是毫无用处的,对学业来说没有任何助力。她认定,学习语言和数学才是最有用的,可以让锡坤成为她理想中的优等生。于是在妈妈的强迫之下,锡坤进入了语言班学习。

不出意外,锡坤对语言不感兴趣。他被迫放弃了自己最爱的科学实验,整日面对着陌生且抵触的语言,渐渐成了班里最差的孩子,他的自信心也受到严重打击。在纪录片里,他经常一个人呆呆坐在课桌前,神情是那样沮丧。即便如此,锡坤妈妈依然坚持自己的观念,让锡坤放弃爱好,坚持按部就班的学习。虽然锡坤妈妈总是温言细语,但锡坤却十分压抑。最后,锡坤十几岁了,他最喜欢玩的游戏,却是躲在一张大被单里。

专家锐评

　　小时候我们总会被长辈们问及理想，然而，我们中的极少部分人真的成了儿时期待的样子。所以，很多妈妈就如同锡坤妈妈一样，认为孩子口中的理想都是天方夜谭，这其实是一个典型的家长型父母。"你不需要想太多，妈妈都替你想好了，你就读这个……""我都是为了你好，语数外才是关键，其他科目学得差不多就行了。"从读小学开始，很多妈妈便开始了艰辛的陪读之路。这一边是气的咬牙切齿的妈妈，那一边是烦闷无比的孩子。每天为了读书这点事，亲子关系几乎降到冰点。

家长的过分期许让孩子无法专注

　　我们都希望孩子有个好前程，可是前程这条路，我们选择太明确，对孩子来说也许很难做到。因为每一个孩子，从呱呱坠地的那一刻起，他便是一个独立的个体。每一个个体都有自己的权利，他需要尊重，才能够获得自尊；他需要理解，才能够理解他人。

　　家长是孩子的第一任老师。我们深知自身育儿的责任重大，但日常生活中，我们或多或少都会带着自己的成长轨迹去影响孩子。也许我们小时候特别想学习乐器，而当时家里没有经济条件，所以想把自己对乐器的兴趣强加在孩子身上。又或者我们特别重视孩子的学业，知道孩子性格内向，知道他喜好一个人安静作画，但是考虑日后的事业发展，我们还是会鼓励甚至强迫他学习数学。

　　中国不少父母对孩子的教育往往带着很多期许，希望孩子能够比自己能力强，殊不知，这些期待有时候给孩子带来的是不可承受的压力，以及无法言说的痛苦。案例中锡坤妈妈很爱锡坤，但也正是

因为这份沉甸甸的爱，让小锡坤没办法继续自己最渴望专注的事情。

重视孩子的梦想有益于培养专注力

虽然孩子还小，心智并不成熟，但是这并不意味着他口中的理想是骗人的、敷衍家长的，恰恰相反，童言是最值得信赖的。所以作为家长的我们，尊重孩子自身的选择，是培养他们专注力的基本态度。我们往往做的不是太少，而是太多，我们总是替孩子选择，甚至替孩子去做，最终使得孩子的专注力被自己的善意压垮。

尊重孩子，首先要尊重孩子的发展需求。专注力分为有意注意和无意注意。对于两岁以下的孩子来说，无意注意几乎是生活的全部，他们没有任何的既定目标，也没办法按照成人的意志去完成专注，他们更多地就是漫无目的地东一下西一下的。随着年龄逐渐增长，他们的有意注意会越来越明显，你会发现他们能够专注地搭积木，或者聚精会神地读某一本自己喜欢的绘本。这个时候，我们能做的就是尊重他们的选择。

其次，我们要提供更多的支持，为孩子的专注力加码。比如，多一些陪伴，并增加适当的指导，知道他喜欢玩某个玩具，可以在这个方面分配更多的时间，陪伴他完成他想完成的事，当他遇到困难，给予适当的引导。再次，为孩子的专注力提供良好的家庭氛围。我们经常会发现，即使父母认可孩子那些天马行空的专注点，可是总有一个反对的声音突然冒出来，老一辈会觉得孩子在外面玩沙子太脏，会阻止孩子们下雨天淌水，有的还会严格限制孩子出门和他们不认可的同学朋友玩。这些行为会迅速扼杀孩子的专注力，令孩子在今后的学习生活中变得谨小慎微，对自己想专注的事表现出无所适从的姿态。这样的影响是深远的，且不可逆的。

孩子小小的梦想像种子一样宝贵。妈妈们,为了孩子好,也为了良好的亲子关系,请放弃一些自己的执念,多给孩子一些肯定,相信他们的理想,支持他们的理想,共同为他们的理想做一些事,孩子会感谢你一生的。

妈咪魔法棒

尊重孩子专注于真心热爱的事物

尊重孩子是一件听上去很简单,做起来特别难的事。因为我们常常在忙碌的生活中忽略了尊重。很多时候,为了成人世界的便捷,我们必须打断孩子们正在专注的事,或者为了满足大人们的虚荣心,忽视了孩子们的真实想法。

从今天开始,请问问你的孩子,究竟喜欢什么。也许他的回答不是你想要的答案,但是请不要打断他,不要提任何你对他的选择的意见,先听他说完,你可以多问问他这么喜欢这个事物的原因,然后让自己试着接受,如果内心深处始终有抵触,那么请先努力把自己的主观意愿抛开,至少在孩子面前要克制。然后,找个机会,尝试走进孩子所说的喜爱的事物,从旁观察他的专注程度。如果你发现他只是一时好奇,那么先鼓励他坚持一下,如果始终不能够坚持,那么说明他并非真的热爱,也就无所谓专注了。因此,可以考虑让孩子寻找下一个专注的事物了。如果你有幸发现了孩子真正专注的事物,那么无论多么不理解孩子对这项事物的专注,请尊重他的选择,哪怕一次也好,哪怕你什么都不做,只需要静静提供精神上的支持也好。

尊重孩子的每一次选择,只要这份选择在安全、合理的范畴内,

那么请尽情让他专注于某项事物,当他受挫时给予鼓励,当他需要帮助时尽力支持,当他获得成绩时及时肯定。我们不应该先入为主地告诉孩子你认为的最佳成长方案,因为你的孩子只是你人生中的一个最重要的朋友,而非你的影子,所以你能做的,应该调整好为人父母的心态,然后给孩子提供更宽广的视野、更多的选择,引导他们找到某一个兴趣点,专注下去。

⑤ 除了学习,其他都挺好

案 例

小雨妈妈经常被老师喊到学校谈话,以至于很长一段时间,她不想再面对老师或者其他家长,因为对她来说,自己好像付出了所有来养育这个孩子,孩子却越来越不听话。"他小时候挺好的,特别听我的话,我经常带他读古诗词,他背唐诗可厉害了。而且,在生活中也很乖,我让他别看电视他就不看电视,让他少玩手机他就不玩手机,不知道为什么现在长大了之后,反而越来越不听话了。"妈妈说道,"他平时其实挺机灵的,非常活泼,爱好体育运动,踢足球一踢一下午,但就是学习不认真,注意力不集中,自主学习能力非常差。平时在家写作业总是特别磨蹭,一会儿上厕所,一会儿又要吃东西,好

不容易坐一会儿,没几分钟又去踢会儿足球,总之特别不专心。和老师聊天,也反馈说他上课老走神,经常和同学们交头接耳的,不认真听讲,提问题就是一问三不知。他现在在生活中经常丢三落四,学习成绩在班里倒数。批评多了,他反而越来越不在意,对学习越来越不耐烦,还时不时发小脾气,真的很担心他以后怎么办,现在才小学就这样了,到了青春期肯定特别叛逆！"我经常提议她带孩子去做做相关的教育培训,她总说:"孩子都这么大了,还有什么用呢？就这样吧,他以后往体育项目发展好了。"

专家锐评

系统的专注力训练非常重要

小雨妈妈别着急,虽然小雨的行为表现确实说明他在专注力方面有所欠缺,但这并不意味着不能改变。专注力作为一种品格,是可以通过系统训练改善的。发展心理学中曾根据心理年龄的不同,将一个人的一生划分为了 10 个阶段,并将孩子 18 岁之前细分为了 3 个阶段。第一阶段,也就是孩子 6 岁以前,是孩子形成良好性格以及品格的重要时期。在此阶段,父母若能够针对孩子实施一定的专注训练,对孩子的未来发展具有重大意义。

把握好孩子专注力训练的关键时期

那么,什么时候开始进行专注力训练比较好呢？像小雨这样的大孩子还有机会通过训练而改善专注力吗？实际上,专注力训练什么时候都不晚,但必须承认的是,越早开始,效果越好。从孩子出生

后 15 个月开始,他的自主意识逐渐产生,他能够清晰地意识到自己是和妈妈、其他人不同的个人,也正是从这个时候开始,他会开始尝试不依靠妈妈去做自己想做的事,探索和操控新事物的能力大大提升,对事物的占有欲也逐渐形成,这个时候非常有必要引入专注力的训练了。比如可以通过特定的玩具开展训练,搭积木和找迷宫类的拼图都是很好的素材,能够有效引导孩子在某一个时间段内集中专注于解决某个问题。再大一些之后,也会有与之匹配的专注力训练,如对于两岁半至 8 岁的孩子来说,专业的感统训练能够有效改善孩子的专注力。因为专注力的前提,是孩子有良好的感觉统合能力。如小雨这样的情况,不能专心做一件事,总是受到各种因素的影响,很有可能是因为内在感统失调。故而,通过系列感统训练,培养孩子的行动力、协作精神以及语言表达能力,可以充分调动视觉、听觉、嗅觉、味觉、触觉、前庭觉、本体觉等,从而促使孩子从外部复杂的环境中筛选自己所需的信息,并专注于此。

调整好孩子的心态以适应新阶段

"以前很乖的孩子为什么现在会这样呢?""我经常感到无助,他的专注力怎么在学习方面表现得这么差呢?"和很多妈妈一样,小雨妈妈也是在孩子快上小学的时候才发现孩子的专注力方面出现了问题。这是因为,我们以前对孩子学业要求不高,他们表现稍佳,我们便信心满满。比如在小雨妈妈看来,三四岁的孩子能背诵古诗词就让她感到很满意了,但是背诵这件事本身有很大的个体差异,有的孩子天生记忆力很好,背诵并非难事,这并不能算专注力好的表现,所以妈妈对孩子的专注力产生了一定的错误判断。

还有一点,我们经常会发现,很多孩子在幼小过渡时期,仅仅是在学习方面表现出较大的抗拒。比如案例中的小雨,他在进行体育

项目的时候,专注力并不差,这一方面是基于孩子爱玩的天性,另一方面也说明他的专注力还停留在体育运动方面。实际上,幼儿园阶段,课业压力几乎不存在,对孩子们的关注主要集中在身体发育、体能技能等方面,但是幼儿园大班之后,考虑到孩子即将开始系统学习,很多家长往往开始关注幼小衔接的问题,并为之感到焦虑,无形中将这份焦虑传递给了孩子。而对于孩子来说,他也许还不能意识到生活的重心发生了转移,面对新的生活的到来,自我意识的增强会让他更加敏感,一点点小的挫折可能会令他备受打击。因此,面对这一时期的孩子,妈妈们别着急,先试着调整好心态,在日常生活中也多帮助孩子调整好心态,给孩子适应的过程,然后再给孩子提供一些感统训练,在生活中也多给予鼓励,相信孩子们能够适应好新的人生阶段。

妈咪魔法棒

对孩子进行专注力训练是一项富有社会学意义的行为,培育一个人格健全的孩子远比培育一个学富五车的学者更加重要。人生在世,学识、财富等等大多是在成长后期获取,也能够随着时间发生改变,而专注力之类的品格却更多地应该在早期教育中完成。

针对性的专注力训练对症下药

我们需要仔细观察孩子的日常行为习惯,试图找到他在专注力方面的欠缺的关键要素,然后针对性地做出相应的训练。每个年龄段都有相关的训练道具。即使不用道具,我们能做的也有很多。

首先,家长要以身作则,当孩子看见你经常专注于某件事的时候,他会模仿、学习你的行为,这是最便捷的训练方式。试想一下,你

认真看书一个小时,孩子会受到感染,也许他刚刚仍然在坚持玩自己的,但是慢慢地,你的模范意义就会起到作用,你所要做的就是坚持得尽可能久一些。今天坚持一个小时,明天坚持一个半小时,日积月累,你的专注力培养好了,孩子的专注力也会随之而来。

营造良好专注力训练的环境

还有很重要的一点是,全家人必须营造好专注力训练的环境。专注力是需要自我以高度的控制力去完成的,对孩子来说,最大的干扰因素是外部环境。现在的家庭基本上是 4 位老人独宠一个孩子,加上父母也是独生子女,每一个人都对孩子充满了爱意,而往往大家都难以抑制地去打扰孩子。作为理性的妈妈,你需要做的便是和大家沟通好,请大家都为孩子提供一个相对安静的环境。请相信,我们只不过需要换一种方式去爱他,你们的爱意孩子们一定都感受得到。

第二章

为什么我的努力都不奏效？

① 男孩天生更不专注?

案 例

2016 年,"全面二孩"政策一出来,很多同事蠢蠢欲动想要老二,其中不乏 70 后的身影。

公司里一位女同事王姐,快 40 了,孩子刚 6 岁,有同事就问王姐:"你家舟舟快上小学了吧,这时候再要一个多好啊。年龄有点差距,大的还可以带小的。"王姐当时头摇得拨浪鼓式的,摆摆手说:"要不得要不得,你们根本不知道养一个男孩多不容易。他每天上蹿下跳没个消停,在外面还净给我惹事。前几天出门,他看见人家小女孩,追上去就是扯头发,把人家弄痛了还坏笑一阵,我都不知道该怎么教育他,一天天皮得没边了。"

年轻的辣妈小李说:"现在女孩也难养啊,我家悠悠才两岁,也是各种闹,一到外面就各种好奇,摆弄一下树,看一会儿花,一会儿又找小朋友玩,在家里就是翻箱倒柜的,晚上睡觉非要蹦床,现在男孩女孩都一样调皮。再说了,老人们说过,小孩调皮才好呢,证明以后长大聪明。"

王姐听完忍不住继续吐槽儿子:"唉,聪明不聪明谁知道,但是孩子难养是真的。虽然很多女孩也活泼,但是相对来说还是有一定限度的,男孩活泼起来真的要命。你们发现没有,女孩一般犯错了、接受批评之后,似乎能意识到错误,有时还能好好地安抚一下妈妈。但是男孩就完全不一样了,心大,对什么事都好像不在意,犯错了也不知道,不管老母亲多么生气,他们依旧保持旺盛的精力不断折腾。而且他这个年龄阶段最闹了,尤其喜欢使坏,不只是针对妈妈,对所

有人都是一样,好像把别人惹生气他特别高兴。我前几天去幼儿园接冉冉的时候,老师又和我说起他干的坏事。那天,他的同班同学摔倒了,他看见地上一摊水也不提醒,而且人家摔倒了之后不仅不去扶别人起来,还扑到人家身上,叫来一群小伙伴叠罗汉一样趴在人家身上,压得最下面的孩子哇哇大哭。这小子真的太糟心了,我都害怕去幼儿园了,经常去赔礼道歉的,哪里还敢要老二啊,万一再是一个男孩,我可真的没法好好生活了。"

专家锐评

　　冉冉妈妈总是承受着外界的批评,非常不愉快。但是客观来说,冉冉有这样使坏的情况是可以被理解的。我们经常会发现,男孩在10岁之前,屁股就像长了刺一般地坐不住、好动,在日常生活中很容易受到周围环境的影响,听到别人说话立马扭头去看,时不时插嘴;在课堂上,捣乱的、做恶作剧的也通常是男孩,总是一副不专注学习的状态。没错,这就是大部分男孩的特性,是由男孩大脑的生理特征决定的。

男孩喜欢闹腾的生理因素

妈妈们一定很好奇,男孩女孩的生理差异真的存在吗?差异真的如此之大吗?我想告诉各位妈妈们,这是真的!我们回想一下,从最开始的"小蝌蚪"阶段,到他们在我们肚子里孕育时,他们就是如此的不同。男孩的 HCG 和雌激素水平本就低一些,这决定了他们日后与女孩发育的迥然不同。当孩子逐渐长大,大脑生理特征的差异会更加明显,这主要是因为男孩女孩的大脑边缘系统存在很大差异。

事实上,在我们大脑的中央区域存在一个由下丘脑、海马体和杏仁体组成的边缘系统,别小看这个系统,它可是大脑的中枢哦。在女孩的大脑边缘系统里,主管记忆存储的海马体体积很大,几乎是男孩的两倍,而且活跃度很高,这就决定了女孩在处理人际交往方面的天生优势,相较而言,男孩就不擅于表达自己的想法,表现得心大、不理解妈妈的话等等。但上帝是公平的,男孩的记忆力虽然不如女孩,但男孩大脑中的杏仁体比女孩的大得多,这个负责神经信息传输的部分,决定了男孩对外界环境的反应能力更强,行动力更快,因此,他们经常表现得特别不安分,因为他们确实对外界太敏感了。

活泼好动的男孩也可以很专注

事实上,对于有些特别活泼好动的男孩来说,他们不一定真的缺乏专注力。妈妈们,我们仔细回想一下,生活中经常会出现的一些场景。我们正准备好好工作,一个声音从电脑桌下面传来,然后电脑一黑屏,他一溜烟不见了人影。过了没多久,他再跑回来说,你的电脑是如何关机的。显而易见,他的使坏有时候是有意识的。他只是不

擅于说："妈妈你快过来陪陪我，我并不是有意恶作剧的。"

再回想一下，受批评的时候，他没有正眼看你，但是事后一段时间内，他是不是通常不敢再触碰和这件事相关的物件？又或者尽管常听老师批评他，上课不听讲，整节课都在玩笔、和同学们交头接耳，但是似乎他的学习成绩并没有受到影响？课后，当你问他很多课上老师讲解的内容，他好像都能对答如流？没错，对于男孩来说，安静地坐着，并不等于专注；而一直处于动态，也不能代表他们完全心不在焉。那么，我们再观察一下周边的女孩，她是不是经常会发呆？或者听完问题解答之后，她仍然一知半解地继续发问？其实，这也是男孩和女孩专注力表现的不同。也正因为如此，实际上女孩的专注力问题更不容易被察觉。

耐心挖掘男孩的兴趣专注点更重要

妈妈们对待看上去很不专注的男孩，与其总盯着孩子一时三刻的专注，或者强制要求他持续安静地坐在某一处，不如把精力放在关注他的兴趣点或陪伴探索他的兴趣点上。也许男孩在专注的持续时间上、专注的外在方式上与女孩不同，但是只要我们细心观察，仍然可以发现他的兴趣所在。而要发现、培养他的兴趣，妈妈们需要适当放放手。

男孩在某些运动方面优于女孩，在低幼阶段，妈妈们总是过于担心安全或卫生问题，忍不住拉着孩子回到"安全区"。比如：有的妈妈会限制男孩玩沙子，有的妈妈会禁止孩子攀爬任何物体，有的妈妈甚至因为害怕溺水而不让孩子学习游泳。当我们了解到男孩的生理和大脑结构特性之后，妈妈们，请试着抛开一些你曾经固执的想法吧，在确保安全的前提下，给予他多一些探索、冒险的空间。尊重他按照自己的方式做想做的事情，只要不涉及道德问题，我们都应

尽可能多一些支持。还有至关重要的一点，请平静地接受男孩的特性，你的苦口婆心可能真的不如静静的陪伴，一味地指责、埋怨发挥不了积极的意义。我们适时换种方式、换些要求，让他们在愉快的玩耍中学习成长，何乐而不为呢？

对待女孩的专注力问题可别大意

关于女孩，我也特别想给妈妈们一些必要的提醒。因为女孩更加感性，也更注重人际交往，所以在母女关系中，妈妈们常常会因为自我感觉良好而忽略了乖巧的女孩不专注的情况。另外，很多时候女孩确实太含蓄了，她们太乖太听话，以至于不擅于对妈妈说"不"。她的白日梦你无从得知，她的小心思也许一直没能够展现出来，但这并不意味着没有。所以，加强沟通，明晰她们的内心需求尤为重要。

妈咪魔法棒

无论男孩女孩，都有可能存在专注力的问题，虽然他们的表现方式是那么不同。老话说，越活泼越聪明。实际上，活泼只是性格的一方面，和智能并没有太大关联，切不能因此就不在意孩子的专注力。面对性格迥异的男孩女孩，我们能做的首先是根据孩子的实际情况判断他的兴趣点。

正视男孩女孩在养育方式上的差异

对于男孩来说，性格外向可能表现为案例中的冉冉那样，喜欢使坏，对人际交往不够敏感，情绪表达也不够清晰。对此，冉冉妈妈可以试着多从旁观察孩子的兴趣点,他的使坏也好,小动作也罢,可能都隐藏着他的兴趣呢,不妨多给他一些时间和空间,提供尽量丰富的环境,让他在更大范围内探索新知;性格内向的男孩,则需要给予更多的鼓励与陪伴,通过细心挖掘孩子的兴趣点,为孩子创设好适当的环境。而对于女孩来说,因为她们天生对人际交往较为敏感,为了防止孩子迎合家长而隐藏兴趣,妈妈们要多倾听、多交流、不勉强、不强求,也许才是最佳方式。

妈妈们,孩子的专注力养成是一个漫长的过程,想要培养好不大不小的孩子需要更多的耐心。千万不能着急,一着急可能前功尽弃,因为孩子们比我们想象的更加敏感。无论是面对女孩还是男孩,我们都必须承认并正视男孩和女孩在养育方式上存在的差异。我们既不要因为男孩太活泼就认定其专注力不够,也不要因为女孩听话就忽略了她内心的真实想法。我们需要找到他们的同与异,认识到他们的特性,熟悉并走进他们的专属兴趣,尽可能给他们创造培育兴趣的良好环境,给予他们充分而中肯的认可。

② 孩子总丢三落四怎么办?

 案　例

老人们常说,现在的孩子太幸福了。确实,现代大多数家庭,常常是4位老人、一对年轻夫妇,照顾一个或者两个孩子。在这样的环境下成长,孩子往往都是被宠爱着的。

前一阵子聚会时,几个闺蜜抱怨起老人宠孩子,一个比一个厉害。晓丽说:"我家闺女真的被爷爷宠坏了,要什么,只需要声控,爷爷成了智能机器人一样,立刻放下手头的事,完成孙女布置的任务。

有一次去上英语辅导课，闺女到地方了发现没有带教材，爷爷二话不说就打车回家拿，来回二十来公里呢。一大早爷爷就为这个小丫头奔波。"

同桌的娜娜说到她闺女和公婆的日常也是头痛，她闺女自小由爷爷奶奶带大，所以和爷爷奶奶特别亲，爷爷奶奶当然也就更加疼爱孙女，"疫情期间出门，为了满足孩子去商场坐摇摇车的心愿，孩子经常忘了戴口罩，爷爷奶奶就随处买，有时候买不到，一个电话就把我们喊回去。孩子出门经常忘记带玩具，爷爷就一个字回她——买。不管什么东西，好像都可以买到。在闺女心里，爷爷是超人，无所不能。"

一旁的欣欣妈妈也说："我家欣欣每次上早教课，不是水壶忘了拿，就是零食没带上，一家人忙里忙外地还总不能令孩子满意。有一次因为忘记带毛毯孩子着凉了，全家人都责怪我，每到这个时候，我都在想，这孩子怎么这么不让人省心呢？"

专家锐评

"妈妈,我的外套去哪里啦？""妈妈,我的小猪佩奇你记得给我装书包大口袋里。""妈妈,我忘记换鞋子啦。""妈妈,我的挖土机藏哪里去了？"这样的声音是不是每天都在你们耳边萦绕？不是丢了这个,就是忘了那个,你明明说得很清楚,水壶在餐边柜上,纸巾在包包夹层里,要求孩子们出门前带好,可是他们还是丢三落四的。我们每天在无数次的寻找和回答中感受到做妈妈的价值,同时也深深地为此烦恼。

测一测咱家孩子的情况吧

孩子丢三落四到底怎么办？说多了没用,不说自己又受不了。不如我们先来想想,到底是什么原因造成了孩子如此丢三落四。首先,我们来做个测试,看看你家宝贝在处理以下情况时都是怎么做的。

①他会不会自己选购物品？②他有没有自主收纳物品的意愿？③犯了错误的时候,他有没有感到难受？④他会不会在知道遗漏了物品之后,第一时间自己去拿？如果你家宝贝有两项以上的回答都是"没有或不会",那么,我们再来回忆当时的你是如何做的。

①你会不会直接替孩子选购物品？②你会不会主动为孩子收纳物品？③你看到受到指责的孩子表现出难受的情绪之后,会不会立刻安抚他？④当发现物品遗漏之后,你是第一时间为他拿好吗？如果你的两项以上回答都是"有",妈妈们,你也许需要和宝贝一起改变了。

请科学地认识孩子的丢三落四

第一，我们应该知道很重要的一点——专注力和记忆力联系密切。人的记忆力分为有意记忆和无意记忆，孩子的记忆力通常十分有限，因为他们的有意记忆能力比较弱，注意力十分容易分散，所以经常表现为刚交代给他的事情就忘记了。我们没有办法控制孩子的无意记忆，但是我们可以通过强化训练，改善孩子的有意记忆能力。比如：每次出门前我们可以问问孩子，"你的包包里有没有准备好纸巾啊？水壶灌好水了吗？"如果孩子忘记了，你可以再提醒他一下，"你刚才说要带纸巾的是不是？""等会儿出门时间很长，你会口渴的，对吗？""这些东西是不是要再检查一遍啊？"我们通过不断的沟通与提醒，从而加强某些事物在孩子心中的印象，孩子们会渐渐地形成有意记忆，不再容易遗忘了。

第二，对于孩子来说，他们生活经验不够丰富，往往只会关注眼前的需求，而不能够全面考虑。但是他们的学习能力超强，所以每一次的丢三落四实际上都是一次很好的学习机会。我们应该试着以观察代替动手，先鼓励他们自己去寻找和准备，期间给他们一些提示就好，这样的话，不仅他们的动手能力、系统思维能力得到了锻炼，而且也有助于改善他丢三落四的习惯。

第三，孩子们的责任意识还有待教育。面对他们制造的各种烂摊子，妈妈的做法很关键。给他们足够机会去收拾自己烂摊子，是培养他们责任心的重要方法。比如：被孩子遗忘在角落的玩具，让他们自己找回来，放到指定位置上；弄乱的房间，请他们自己收拾好；不小心弄丢的书籍，问问他们的打算，是想拿自己的压岁钱购买，还是想通过打扫屋子、收拾碗筷等做家务活的方式，补偿父母为他们重购此书的经济损失。当然，家长们在此期间都可以帮忙，并不需要完

全指望他们做得多好,毕竟孩子的能力有限,但是我们可以给他们一些机会多尝试。事实上,孩子如果在之前养成了太依赖长辈们的习惯,教育开始的时候,就需要妈妈很长时间的沟通,他们才能动一下,但任何时候开始都不晚,我们只需要耐心一点点,就能看到孩子的进步。

好好利用孩子每一次的丢三落四

妈妈们,丢三落四的孩子不是熊孩子,他们只是还没有培养好秩序意识、责任意识。我们完全可以改变这样的状态,只不过需要多一些的时间,让自己变"懒",放手让孩子慢慢学会收拾自己的东西。从一件件小事开始,从一个个遗落的物品开始,让孩子明白自己的东西需要自己收拾,东西丢失了需要自己面对,若想要重新获取也需要付出一定的代价。请利用好孩子每一次丢三落四的机会,给他们一定的训练和教育,你可能会慢慢收获一个特别懂事的孩子。

妈咪魔法棒

妈妈少做一点,孩子成长一点

"冰冻三尺,非一日之寒",孩子的丢三落四归根结底是行为习惯出现了问题。妈妈们,请给你的孩子多一点点训练,相信不用太久,他们会有不小的进步。我们要做的并不多,恰恰相反,我们需要的是尽量少做一些,再少做一些。请给孩子充足的锻炼机会,以及一些必要的原则和规矩,他们就能迅速成长起来。

从现在开始,妈妈们给孩子安排一个固定的地方放置各类物

品,教他们如何分类整理,一次教一点点,可以借助一些生活指导意义较强的绘本,培养孩子良好的生活习惯。很明显,他们第一次会做得很糟糕,这时候我们要坚持一下,不要妥协着替他们收拾烂摊子,不要纵容任何一次丢三落四的行为,发现一次要及时制止,然后监督他们按照既定的要求去完成。比如:收拾东西时,很多孩子开始没办法做到分类整理,没关系,我们可以等着他们收拾,做好一点给予一点鼓励,做错了小惩罚一下即可,然后再继续教育。如此往复,便能够加强孩子对物品管理的有意记忆,渐渐地将这一记忆融入生活的方方面面,形成责任意识。

妈妈需要维持好秩序的生活

当然,在这个过程中,我们要率先垂范喔,别看小不点萌萌哒,其实啥都明白呢,要是我们自己不能做到有秩序地生活,孩子即使能够改变一会儿也难维持太久。所以,我们不再提供帮助,是为了更好地帮助他们学会自助,从学会自助开始学习时间管理以及系统思维。这样的生活习惯一旦养成,对孩子来说百利无一害。

③ 学习,是爸妈的事?

案 例

我有一位闺蜜,结婚后就接连怀孕,三年抱了两个娃。为了孩子们,她放弃了事业,在家做全职妈妈。有一次我陪着她去接孩子们放学,期间,我感受到她的辛苦,更感受到孩子们的不易。

第一站是老大的补习班,"强强的英语不好,现在三年级了,学校对英语的要求高了，我得让他补习一下。"这时，老师正和孩子们互动了起来，轮到强强时，他一直低着头不说话。看到这里，身边的闺蜜着急得不行，一下课就冲进班里，当着所有孩子的面数落强强："你怎么就不能和老师说说呢？老师是老虎吗？能吃了你？你在家里不总喜欢对你弟弟说吗？"边说边拽着强强到老师跟前去了。放学后，强强特别不高兴，闷着头不说话。在去接老二的路上，闺蜜仍一直强调自己如何费心地养育孩子，对着我数落孩子，说他们学习习惯不好，总是要人陪着才能学一点。接到老二后，闺蜜又开始说老二的问题。

　　回到家，孩子们打开了电视，闺蜜立马过来制止，对着孩子们哭诉自己养育的艰辛，一个劲地说："你们知道妈妈多不容易吗？你们为什么不能自己好好看会儿书，一点学习压力都没有，你们就当为妈妈学习的，好吗？你们看看妈妈多累，请你们体谅一下妈妈吧。"两兄弟面面相觑，一溜烟跑回房间了。等到妈妈收拾完屋子给孩子们检查作业时，闺蜜又崩溃了："你们能不能用点心？我今天先签字，你们答应妈妈，下周考试给妈妈一个好成绩，只要考到了双百，你们要什么妈妈都答应你们。"弟弟小声说："妈妈，你上次答应我，画画得奖后给我买玩具的呢，怎么还没有买呢？"

孩子学习成绩提不上去的原因

如今,孩子们都会受到全家人的呵护,同时也被寄予了各种厚重的期望。其中,孩子的学业尤其受父母重视。因此,我们经常听到"妈妈平时打你骂你都是为了你好""只要你考到一百分, 我就给你买"之类的话,乍一听上去,是动之以情、晓之以理。但这样的话第一次还挺奏效,之后,孩子们便越来越不买账了。首先,因为这样的许诺可能经常得不到兑现。强强妈妈便是如此,她可能只是想用物质奖励刺激一下孩子们,孩子们是如此纯真,他们一开始会相信妈妈说的每一句话,但是被欺骗多了,也就不再那么相信了。第二,妈妈们坚持用物质奖励的方式刺激孩子们学习,时间长了,孩子们容易把学习当成获取奖励的手段,虽然学习成绩是突飞猛进了,但这样的学习状态往往很难维持。

回到强强这个孩子身上,我们看到在案例中,强强本身对学习英语有抵触情绪。后面据我了解,强强学习英语时间比较短,开学之前没有预习过,面对陌生的课程他原本就很难接受,可他妈妈还总是逼着他学,所以他渐渐对英语这门课程更加害怕,任何责骂和物质奖励刺激都发挥不了作用。

案例中的强强妈妈为了孩子, 付出了自己所有的精力和爱,孩子们也能够感受到母亲 24 小时全方位的关怀。事实上,单靠满满的爱是不足以改善孩子们专注力情况的,我们还需要学习更多技巧和方法。

提升孩子学习成绩的三部曲

那很多妈妈一定会问，我们还能做什么，让他们爱上学习、提高专注力呢？其实我们可以换种方式去沟通和交流。

第一，我们要明确孩子学习成绩稳步前进比突飞猛进更有意义。具体来说，我们可以给孩子列一个相对较小的目标，要求孩子的成绩在现有能力范围内适当提高一点点，循序渐进，这样更有助于培养孩子的学习习惯。比如：强强不爱学英语，那么我们先让他自己学习一阵子，这期间找一找合适的网络课程，激发他对英语的兴趣；对他英语成绩要求也不要一下子提高到满分，而是在目前水平上提高 5 到 10 分就好，促使他在每一次的进步中找回自信，这才是更为关键的。

第二，我们应该尽可能尊重孩子，尊重不代表不批评，只是我们要换严厉的批评为找到原因、解决问题。毕竟，我们最终的目的并不是批评孩子，而是希望孩子能够从此吸取教训，更好地进步。所以帮孩子找到失败的原因远比一味地抱怨有现实意义，尤其是以不尊重孩子为前提的抱怨更加不可取，这只会加剧亲子关系的分崩离析。如：强强妈妈当着同学们的面严厉地批评强强，这对孩子的成长影响将十分负面。

第三，我们不要将物质奖励与学习成绩挂钩更为适宜。不要总说"你想要什么，只要你读好书，考到好成绩，妈妈都给你买"之类的话，这样做的结果往往会让孩子形成一种恶性的思维定式——考得好仅仅是为了拿到理想的物品。我们都知道，人的欲望是不断变化的、不断膨胀的。作为父母，我们能够护宝宝一时，却不能护他一世。而且，通过物质奖励进行刺激也会影响孩子的责任心。因为学习原本就是他们个人的事，当我们总把"为我们学"挂在嘴边，这样的教

育会给孩子带来很大的心理压力,尤其是面对责任心强、好面子的孩子,这样看似关心的语言非常容易压垮孩子的内心。所以,我们可以适当鼓励孩子,但过高的要求和过丰的奖励都不适合。请给孩子一个合适的目标,也给他们相应的物质或者精神奖励,他们会更有动力。因为当他们知道这个目标不算太难实现的话,他们才有意愿去奋斗,太难或者太简单都会令学习动力大打折扣。

还有比孩子学业更应该上心的事

妈妈们,孩子的学习成绩固然重要,但还有很多事比这更重要。有些妈妈在孩子上幼儿园之前只管一日三餐两点,玩具也相对简单,但是开始读书之后便提高了要求,唐诗宋词背起来,三字经、弟子规统统学起来,外语也不能落下,于是孩子们被沉重的学业压得喘不过气来。所以无论妈妈们如何强调为孩子好,或者给予他们一定的物质奖励,他们都很难达到你的预期。因为对孩子来说,要求的变化需要适应的过程,他们确实还小,很多事需要慢慢来。另外,妈妈只盯着成绩不放,认为孩子只要学习成绩好,其他事情都顺其自然。那么这样下去,孩子的责任心和自我控制力,渐渐都会受到影响,而这些品格恰恰是影响孩子一生的因素。

古话说,授人以鱼不如授人以渔,教育孩子也是同一个道理。我们传授给孩子学习的办法,偶尔给予一定的物质鼓励,让孩子养成良好的学习习惯,才能够更好地改变孩子的学习思路,从而让孩子产生学习兴趣和责任意识。

妈咪魔法棒

学习终究是孩子自己的事

　　一到孩子上学,父母远比孩子自己更加焦虑,也更加无助。面对这些不听话、不懂事的孩子,父母无论是抱怨还是乞求,又或者依赖物质奖励,实际上都不管用。学习终究是孩子自己的事,而专注力的形成从来不是源自书本知识的获取,我们要善用生活的一些"武器"来改造孩子,通过生活的点点滴滴去教育孩子如何专注地做好一件事,比长时间的陪读写作业更加重要。

妈妈们要以身作则做好榜样

　　作为家长,我们与其辛苦操劳,激化亲子矛盾,不如加强孩子自我思考能力的训练。我们只需要换一种角色:大多数的时候就在身旁静静看着,以身作则地做好表率,你看你的书,他学他的知识;你劳动时也带上他,让他一起参与,而别专注于学习书本知识,这样既能给孩子做个好榜样,又能营造良好的家庭氛围,让孩子在轻松的学习环境中学会思考。当然,当孩子遇到不懂的问题,我们再从旁指导,孩子会更加欣赏自己的父母,同时也能促使他们了解,学习其实是他们自己的事。

别把孩子的学习成绩常挂嘴边

　　任何时候,面对孩子成绩的好坏,我们都要保持低调,不把这些

所谓的学习成绩当成我们炫耀的资本或者低头的理由,想要给孩子多一些信心,其实是需要家长以克制情绪为前提的。除此之外,家长的物质奖励也好,精神奖励也罢,说出口的事就请尽可能做到,让孩子感受到进步带来的快乐。

④ 拖拖拖,拖到什么时候?

案 例

　　自从孩子开始上学,妈妈们便开始唠叨了。这一边是妈妈们不绝于耳的催促,那一边是仿佛与世界隔绝的拖延症患者。不论妈妈们怎么说、怎么催促、怎么唠叨,家里的"小怪兽"始终精力充沛地和妈妈们对着干。

　　"每天早上就跟打仗一样,各种催,可是小家伙一点不在意。她就知道耍赖皮,有时候磨蹭太久,我还是忍不住自己上前帮她洗漱穿衣。"28楼的思雅妈妈说。"谁说不是呢,从早上起床开始,我需要叫N遍,他才懒洋洋地起来,然后还要催着洗脸刷牙,半个小时就这么过去了。7点起床有时候根本来不及,随便耽误一下,孩子就算能准点到,我也迟到了。到了傍晚,接他放学倒是挺快,一回家又开始各种磨蹭,7点之前能吃完晚饭就不错了。之后,我要陪着他读书一个小时,实际上,有半个小时是我在吼

叫,他自己一个人好好看书的时间不超过 15 分钟,这期间还得上厕所、喝水、和外公外婆视频一小会儿。好不容易陪着玩到九十点了,又得催着去刷牙洗澡。然后进入睡眠仪式时间,和她说晚安,拉好窗帘,开始哄着睡觉。哄差不多半个小时,这孩子才能勉强睡下。我每天都是十一二点睡觉呢,一点自己的时间都没有。"12 楼的默默妈妈遇到思雅妈妈总是有说不完的话,吐不完的槽,核心话题通常是孩子的拖沓。

两位妈妈都很担心,孩子继续这样下去,对学习影响会很大。

专家锐评

孩子大脑发育程度带来的影响

在前面章节里,我们谈到男孩女孩的大脑结构不同,提到大脑的边缘系统。事实上,大脑还有着与之同样重要的部分,那便是前额皮质。前额皮质位于大脑的最前端区域,是大脑的命令和控制中心,仿佛等同于人体日常认知行为的"CEO"。对于孩子来说,前额皮质的发育是一个相当漫长的过程,这样的过程需要维持到成年之后。最新的脑科学研究表明,孩子前额皮质的发育,在四五岁时才能够初步完成,到青春期时进入大幅度的重塑阶段。换而言之,对于 10 岁以下的孩子来说,他们的情绪感受注定先于理性认知,所以你给他们说太多逻辑性模糊的内容,比如"快一点""好一点",其实意义不大;又或者你不断唠叨,带着"你要我说几遍才能明白""你自己反思一下,你怎么做得这么慢"之类的抱怨,孩子不但没办法做到你想要的反思,甚至真的没办法理解"反思"的含义。而你过多的唠叨却很可能强化孩子的逆反心理,让他们感觉自己好像总达不到父母的要求,日积月累,他们的自信心不仅会受到打击,慢慢地,他们就可能

以认同你的责骂为代价继续自己的拖延。还有一点他们也清楚地知道，无论你的指责如何苛刻，唠叨的频率如何高，你不会进一步采取其他的办法来改变他，因此，他们宁可挨骂也不会做出改变。

适当的方法才是改变拖延症的良药

拖延症真的不是谁家孩子的专属特征，这几乎是每个孩子的通病，是由孩子的生长发育水平决定的。我们没有办法改变孩子的生理情况，但我们可以采用别的方式去帮助孩子加强前额皮质的功能，逐步提高孩子的理性认知，从而提高他们的专注力。比如，利用好孩子喜欢竞技的天性，和孩子比赛。面对起床困难的孩子，我们不妨和他们比赛穿衣服、刷牙，看看谁的动作快，然后经过一段时间的比拼，他会在这种竞争氛围里不断提高自己的速度，因为他真的很想战胜我们。当我们长时间和孩子建立好这样的关系时，孩子就能逐渐形成对时间较为理性的认知。

再比如，我们可以试着改变目标的限度，把大目标一步步分解为一个个小目标，让孩子们在一个个小目标完成的过程中感受到时间的意义。最简单的办法就是列出计划表，孩子每完成一个项目便给一次鼓励，别小看小红花、贴纸之类的小物件，它们往往在提升孩子专注力方面发挥着重要的作用呢。如，原本早上准备出门需要一个小时，那么现在开始尽量控制在 40 分钟之内，我们把起床穿衣、洗漱、收拾好私人物品这些事项逐项缩短几分钟，每个项目做完就给予孩子一些鼓励和肯定，期间小朋友遇到困难时也可以从旁提醒或者给予支持，比如"宝贝，加油，妈妈相信你可以的""你看你已经做好了一大半了，你很快就可以穿好裤子出门了。"

就这样，我们告别催促，一点点改变着孩子对时间的认知，让他们逐步向着成人的节奏去努力，从一件一件小事提升专注力，受益终身。

妈咪魔法棒

　　每一位妈妈都希望自己的孩子更专注一些。因为专注的孩子注定是让人省心的,他们能乖乖听话地完成父母交代的任务,甚至能够主动地完成任务。然而,这样的孩子毕竟是极少数的。现实中的大多数孩子天生就容易拖拖拉拉的,而并不是来自父母的误导。父母可以借用心理暗示的方法去改善孩子的拖延行为。

请给孩子更多积极的心理暗示

　　从心理机制上说,当我们主观设定了对某一事物的某种期待时,我们就会竭尽全力地朝着这个方向去发展。这也就解释了为什么妈妈们的唠叨和指责对孩子来说没有用。“你做什么都喜欢拖”妈妈如果总这么说,实际是加强了孩子消极的心理暗示。所以聪明的妈妈们,我们不如换个说法吧。多给孩子一些积极的肯定的心理暗示,比如“你很棒”“你很好”“你可以的”“妈妈相信你一定能够完成的”“你可以越做越好的”, 诸如此类的鼓励性的话语并不是你理解的无意义,法国心理学医生库埃曾经用“心理暗示法”治愈了数以万计的患者。针对孩子这点拖延的小毛病,积极的心理暗示无疑是百利而无一害的办法。更重要的是,当这种积极的心理暗示话语来自母亲,会产生更加强烈的作用,因为孩子最信赖的人始终是妈妈。

请与孩子一起科学地管理生活

　　除此之外,面对一系列的任务,比如早起阶段和睡眠前夕,我们可以给孩子制定一些较为具体的规则,尤其是在时间、事项、具体内容等方面要不断细化,完成一项给一定鼓励,当某些规矩慢慢地成为孩子生活的一部分,再慢慢提高要求或者提出新的任务,从此,孩子对

时间的管理能力将会越来越好,对各个事物的专注力也会越来越强。

⑤ 自由教育靠谱吗?

案 例

有一次替一位熟悉的同事参加孩子的家长会,刚巧碰见老师在和另外一位家长聊天,老师一直很愤怒地指责孩子的错误:"豆豆太没有家教,上课完全不守规矩,总是和其他孩子交头接耳,说话声音还很大,上课途中还要求上厕所;惩罚他也没有用,让他罚站他跑了,让他罚抄他不交,总而言之,他完全不听老师的话。有一次,豆豆看见一个正在认真写字的同学拿着红色的水彩笔在圈错,他凑上前去看了一会儿,没和人家商量就把人家的水彩笔抢了过来,还把人家的本子画满了圈圈。人家小姑娘没抢到水彩笔,作业本还被他弄得乱七八糟的,气得不行,立刻就哇哇大哭了起来。这个小捣蛋看着哭泣的同学,还特别无所谓地说:"我不是帮你圈好了吗?有什么好哭的。"我本以为孩子妈妈会感到非常惭愧或者难受,然而豆豆妈妈

只是在一旁不经意地说："这没什么好在意的，每个孩子都有自己的个性，我孩子又没做什么出格的事，至于这么上纲上线地批评吗？现在不是推崇自由教育吗？太多规矩会束缚孩子发展。"老师一时语塞。妈妈接走孩子时，还特意对孩子说："妈妈觉得你没做错什么，别把老师的话太放心里，以后别弄哭人家就好。这个小姑娘心理也太脆弱了。"

专家锐评

俗话说，无规矩不成方圆。从小学会守规矩、讲道理，是孩子养成良好专注力的重要因素之一。任何社会活动都有既定的规则，而懂得守规则的孩子往往能够专注地理解规则，较好地完成既定任务，反之，不讲道理的孩子通常无视规则，散漫地对待他人提出的要求，结果很可能是，还没轮到你教育自己的孩子，身边的其他人先替你指责了。

别对"自由教育"产生误解

近些年来，"自由教育"成了一个热门词。从早教培训到正规的幼儿园，很多机构都在谈自由教育，强调学习活动要以注重孩子个性化发展为前提。这个理念非常正确，但是真正执行起来，还是存在一定偏差的。注重个性化发展不完全等于散漫地任由孩子自己长大，父母、老师完全不做任何干预；自由教育也不是鼓励孩子纯粹地自由，而是要在一定限度和范围内尽可能挖掘孩子的内在价值。正是因为很多所谓专家对自由教育的误解，误导了很多妈妈，使得妈妈们单纯地关注自由，而忽略了教育的内核。尊重孩子天性是十分重要，但是每个人都没办法脱离社会谈天性，因为人的群居属性决定了我们的社会结构存在规则，任何活动都有相应的要求，随心所

欲的世界真的不存在。

让孩子在亲子活动里养成规则意识

很多家长也许会问,那我该怎么改变现在的熊孩子呢?我们不妨来看一个的真实故事。

有一次,我和爱人参加孩子幼儿园组织的"六一"亲子活动。活动要求爸爸牵着孩子穿越障碍物,成功经过水地和陆地的几个阶段时还有小奖品。话音未落,很多爸爸们便带着孩子冲了出去。所谓水地障碍实际就是几个小水滩,而陆地上则设置了几段平衡木。当到达水地的第一个障碍时,很多父亲一把抱起孩子,老师们虽然看见了但也并没有多说。我跟在小小背后,问小小:"你想不想爸爸抱你起来?"小小看看别人,说:"想。"她爸爸正准备抱起来的时候,小小看见身旁涵涵爸爸带着涵涵在水滩里走着,小小拉着爸爸的手说:"我也要过水滩。"就这样,爸爸不情愿地带着小小一起走过一个又一个水滩。到达平衡木的时候,小小有点害怕,这时候,涵涵爸爸带着涵涵刚巧走过来,只听涵涵说:"爸爸,我害怕,我们从边上走过去吧,我看别人也没有都走完呢。"涵涵爸爸说:"不行,比赛有比赛的规则,我们既然参加了这个比赛,就需要遵守规则。你看,刚才那个小水滩你也害怕,走过来是不是也没有那么害怕了呢,再说,还有爸爸在这里陪你过难关呢。"说完,涵涵在涵涵爸爸的陪伴下小心翼翼地走了过去。

比赛结束,涵涵虽然成绩不够理想,但是拿到的奖品最多,开心得不得了。事后,我问涵涵爸爸,你不怕孩子摔下来吗?你不怕孩子因为比赛结果不好难受吗?他说:"比赛结果固然会影响孩子,但让孩子学会守规矩更重要。虽然这是一个小比赛,但是每一个项目都拿到了小奖品,这对孩子来说就是很大的鼓励。我感觉这个过程比追求速度上的结果重要得多。"

很多家长觉得,这么个小比赛,没什么好在意的,努力拿到名次就能够让孩子的虚荣心得到满足,继而获得快乐。可是妈妈们,这样的快乐是十分短暂的。比起最后成绩那一刻的快乐,我想涵涵的收获会更大。他在这个过程中学会了克服恐惧,也明白了坚持原则的道理,在活动中能够更加专注地完成任务。可以说,涵涵爸爸的鼓舞给了孩子莫大的勇气,这一番看似不经意的话,有可能令涵涵受益终生。

父母是孩子的第一任老师

古人云:良家无逆子。孩子的第一任老师是父母,不管父母做什么、怎么做,都对孩子极具影响,这也是为什么老师会强调家庭教育的重要性的原因。对不守规矩的孩子,父母需要花费的时间和精力确实会更大一些。但是我们不得不从现在开始改变,这个改变更多地依赖于父母的身体力行。也就是说,如果在一个家庭里,父母不遵守规则甚至总是破坏规则,那么,孩子长大以后必定会缺少规则意识。反之,如果父母作为孩子的榜样,自己特别遵守规则,不破坏规则,那么可以帮助孩子养成良好的规则意识。

因此,妈妈们不妨向案例中的涵涵爸爸看齐。在孩子有困难且明确提出的时候,妈妈们要首先提供不违背原则的解决方案,给予孩子适当的安抚,想办法与孩子一同克服。在孩子感到害怕且任何安抚都没用时,妈妈们要给孩子信心与鼓励,以身作则地带领他们学习新技能、克服内心的恐惧与不安,为下一次活动做好心理准备。

如果孩子已经比较大了,有些不良行为已成习惯,那么我们要做的就是帮助孩子改变这些不良习惯,一方面,我们可以给孩子创造一些磨砺的机会,与他们一同战胜他们曾经完成不了的事。另一方面,我们还可以为孩子找到一个他喜欢的榜样,借助榜样的力量改变他不守规矩的行为。比如,很多孩子喜欢看动画片,我们可以借

助他们喜欢的某个人物的一些好的行为去说服他们,引导他们把生活中的一些恶习纠正过来。

妈咪魔法棒

讲规矩要好好利用榜样的力量

国有国法、家有家规。父母看重规则,孩子就会懂得尊重规则。我们身边不乏这样的父母,带孩子过马路闯红灯、带孩子购票插队、带孩子争抢座位、在孩子面前随手扔垃圾等等,这些芝麻大点的小事看上去很不起眼,可是这一桩桩一件件小事都是影响孩子学习、体会规则的重要因素。我们必须承认,每个孩子都是如此的不同,我们尊重孩子的个性,但是我们也需要规范他们的公共行为。

一方面,我们可以在生活中给予孩子一些示范性的教育行为;另一方面,我们也可以借助孩子们喜欢的榜样去引导他们改变。还有非常重要的是,我们需要根据孩子的年龄来设定一些教育内容。比如,3岁的孩子适合开展礼仪教育,5岁的孩子需要教育他们明辨对错,7岁的孩子需要与他们约法三章,布置一些小任务,给予一定的奖励,孩子将很快明白守规矩的含义。

此外,父母在给孩子布置任务的时候,要试着设置一定的选择,这种选择需要有一定限度。比如,我们可以给5岁的孩子设定早上起床的行为规范,请他们选择为妈妈端早餐或者收拾自己的衣服。这样"二选一",任务目标明确,施行起来也并不难,在有限的选择范围内更能够激发孩子完成任务的信心。对待孩子的教育,我们既不能迷信过度自由,也不必太过严苛。只要寻找到适合自己孩子的教育时机和内容,你的孩子一定比你预想的要懂事明理。

⑥　小学就偏科怎么办?

案　例

诗诗妈妈最近经常为孩子的学业烦恼,她的烦恼不是诗诗不好好看书,而是各个科目学习成绩相差太大了。诗诗妈妈说:"我家诗诗其实挺乖的,从小就喜欢看书,各种故事书都喜欢看,所以语文成绩很好,特别是作文,经常作为范文在课堂上念。但是她对数学好像总是不在意,数学成绩也是一塌糊涂。老师说她每次上数学课都在发呆,注意力很不集中,有时候还会上着数学课看小说。我经常劝她把心思往数学上放一放,她满口答应,但是数学作业还是老样子,各种错误。这孩子才三年级呢,这么小就偏科严重,以后可怎么办呢?"妍妍妈妈说:"我家妍妍倒是相反,她最喜欢做数学题了,数学每次单元测试都在 90 分以上,我平时在家基本不辅导,但是语文每次单元测试都只 70 多分,每天回家都要辅导,别的孩子语文作业都在学校完成,我家孩子经常做不完需要拿回家,拖到很晚自己还是无法独立完成。我每天在家教她认字,可是怎么教都教不会,或者刚教会过一会再去问她,她又不记得了。她平时不爱看书,就喜欢玩一些拼图、乐高之类的玩具,每天我让她阅读半小时,她都是拿着书本不情不愿在那里磨蹭着,磨到快 9 点就上床睡觉。"

我问诗诗妈妈、妍妍妈妈,有没有找过别的老师进行辅导,她们表示都试过,但是作用不大。

专家锐评

我们都知道,现在强调的是综合素质,孩子的各门功课最好都

能够均衡发展,但现实是孩子的偏科问题很普遍,即使在小学阶段我们也能看出来,孩子对某些学科的专注力明显差距很大。也许和诗诗妈妈、妍妍妈妈一样,我们对自己孩子的学业也感到担忧,并为此投入了大量的精力去补课、辅导,然而结果常常事倍功半。

孩子偏科是一个普遍现象

孩子偏科的确是普遍现象。我们都知道,学习是一个融会贯通的过程,孤立的学习原本就不存在。妈妈们一定很好奇,那为什么咱家孩子还会出现偏科的现象呢?这种现象到底能不能解决呢?首先我们必须承认,每一个孩子天生的兴趣就非常不同,比如,有的孩子天生就喜欢静态的文字,如诗诗一样喜欢读故事书;而有的孩子就如妍妍一样,从小空间感就比较强烈。除此之外,实际还有很多其他因素影响了孩子的偏科,比如:家庭教育、学校教育等,孩子可能因为数学老师的一次不经意的责备而失去了对数学的信心:老师要求他回答的题目他答不上来, 同学们的嘲讽则会加剧他的挫败感,从而对这个科目产生了抵触情绪;也有可能因为父母个人的偏好影响了他:一个特别喜欢看小说、写诗歌的父亲,他孩子往语文学习方面往往不会太差;还有可能是孩子自身尚未找到合适的学习方法。所以你看到很多孩子开始非常努力学习,但总也学不好,然后慢慢不再努力了。

孩子偏科要早发现早干预

面对孩子的偏科,父母越早干预效果越好。无论是小学阶段还是在幼儿园阶段,一旦发现孩子偏科的苗头,父母要及时采取措施,才能够有效改善。

一方面,我们可以充分发挥家庭教育的作用,改变以往的纠错辅导方式,把角色换一换,让孩子当一回老师,促使他自主去探索、

学习。在这样的过程中，他们不仅能够获得对某一知识的理解，还能够逐步建立起对某一方面的认知结构，为兴趣的产生做好基础。如诗诗妈妈这样，遇上对数学特别没有兴趣的孩子，要放下过去的沮丧、焦虑，把自己调整为比孩子还小的学生，给她一些题目，请她教你怎么做。当然，我们需要找一些拓展训练的试题，而非课业上的题目，类似五子棋、填图等游戏，让他们一点点对数学产生兴趣。

　　另一方面，我们要善用孩子擅长的科目，锻炼孩子触类旁通的学习能力。比如，对于诗诗妈妈来说，语文当中的阅读理解题对于数学的逻辑思维能力也有很大帮助，适当让孩子增加阅读理解类题目的训练，将解题思路给孩子分析清楚，并引导他将类似的方法用在相关的数学题目中，孩子对数学的信心也会一点点提升。而对于妍妍妈妈来说，数学里面关于时钟、地理方位、数字的计算，这些和生活息息相关的内容则可以先通过教育孩子表达，逐步过渡到让孩子以日记的形式记录下来，由此让孩子渐渐对写作文产生兴趣。

　　除此之外，妈妈们还可以从学习方法上入手，想一想孩子是不是在学习某门科目上面确实有些理解方面的问题，如果仅仅是学习方法的问题，我们需要鼓励孩子找到合适的方法，而不是一味地批评他、指责他，过早认定他因某门科目的弱势对他的未来影响至深。所以，我们至少要保证不要在孩子面前表现出对他偏科现状的不满或者担忧。然后尽可能为他提供多一些的学习方法，还可以试着去询问同龄孩子在某门学科方面比较好的学习方法，然后把方法告知孩子，尽量避免在孩子面前说谁学习好、向谁学习这样的话，我们只需要提供方法，对象是谁并不重要。过多地赞美和过多的批评，对孩子都会产生负面影响。

妈咪魔法棒

偏科不可怕，毕竟孩子还小，我们还有很多机会去改变他们。妈妈们，学习原本就是一门很深的学问，学习的结果也往往受到多种因素的影响。所以，面对有些偏科的孩子，我们别着急，尽早发现、尽早干预便能够有效改善，而且基础阶段的干预将有效避免日后的学习情况，促使孩子各科目相对均衡的发展。

激发孩子的学习兴趣是关键

我们可以给孩子多一些自主学习的机会，让他们成为自己的老师，也可以让孩子在优势科目中找到相似的学习方法，还可以通过借鉴其他已知的好的学习方法改善孩子偏科的现状。种种上述办法归根结底都是为了激发孩子的兴趣。毕竟，对于任何学习而言，兴趣都是最大的学习动机。而且，兴趣一旦养成，一般在认知结构中会越来越强，继而促使孩子们越来越自主地学习，彻底改善之前对某门科目吃力或散漫的学习状态。

这是一个良性过程，但这个过程实施起来确实很耗精力。我们需要很多很多的耐心，我们需要不断的试错，还需要全家人一起通力合作，发挥各自的长处去教育、引导孩子做出改变。但是请相信，孩子 10 岁前的错误大多能够得到很好的扭转，只要我们坚持积极去尝试改变。

第三章

提升孩子专注力，妈妈有办法

① 听话，并不是那么难

案 例

"孩子一岁之前才省心呢，越大越不知道怎么和他说话。"最近娜娜妈妈说起娜娜，又是一副愁眉苦脸的样子，"娜娜才 6 岁多，我简直不知道要怎么和她说话了，我说什么她都不听。每天起床、刷牙、洗脸、叠被子、吃饭、完成作业、整理书包等等，都拖拖拉拉的，我反复叮嘱她，她又不理会我，有时候还嫌我说得太多，说我脾气不好。可是我心平气和地提醒她，她也是无动于衷地玩，常把我和他爸惹得怒吼起来，她才肯去做。"

娜娜妈妈接着说："有一次，老师给我打电话，娜娜的水瓶掉了，准备好的午饭也弄丢了，让我赶紧送东西去。到了学校，我小声地说了娜娜几句，她就不理人，心不在焉的，不知道脑子里整天想什么。自上学以来，她已经丢了好多东西了，我反反复复地提醒，语气轻了，她不当回事；语气重了，她又不高兴。我也希望多鼓励她，可是她总是不好好听我说，我找不到可以表扬她的机会，我到底该如何教育她呢？"

专家锐评

科学理解孩子的敏感阶段

娜娜妈妈,娜娜看上去心不在焉,这不代表她真的没有听你说话。一方面,在幼小衔接的敏感时期,娜娜有很多不适应,从幼儿阶段以玩为主,突然过渡到需要每天规矩地坐在教室里上课,这样的生活变化让她不知道该说啥好。另一方面,娜娜长大了,有自主意识了,你说的话她虽然听得懂,但未必都想回应。比如,你指责她起床慢、刷牙不干净、洗脸方法不好、被子叠得不整齐、吃饭慢又挑食、作业完成得慢慢腾腾还错误一堆,这些指责她听进去了,可是该怎么回应你呢?你想她回复:"妈妈,我知道错了,我立马改。"有点不切实际。我们的标准对孩子来说,有点太高了。

过分严苛的规定和要求不适合孩子

面对像娜娜这样的孩子,我们可以想一想,他们为什么做事总喜欢拖拖拉拉?仔细观察,我们会发现,那是因为他们做每一件事都不够专心。比如,娜娜起床之后就去看小猫,被催着去刷牙之后又照照镜子,洗脸的时候发现发夹不合适,又慢腾腾回房间换发夹,等到吃饭的时候意识到快迟到了,就随便拿了个早点,却忘了拿妈妈准备好的午饭。她在每一件事情上都是如此不专注,但是娜娜妈妈并没有在意,她只是在自己忙碌的时候抽身看一眼娜娜,最后出门的时候才感觉不对劲。至于娜娜在哪个任务上没有按时完成,出现了怎么不专注的情况,常常被她忽略了,而这些问题,恰恰是娜娜出状况的关键。

那么我们该怎么做呢?我们得学会放弃一些标准,从观念上接

纳孩子的种种不足,并根据实际情况给予他适当的干预和指导。比如,娜娜妈妈可以给娜娜制定一些不那么严苛的规定,可以先教育娜娜如何专注地做好一件事,然后再一点点增加任务量,从一件件事情上慢慢改变她的习惯与专注力。

理解和耐心可能更适合孩子

我们总是对孩子有很多期待,比如,希望孩子在学习上自觉地完成作业,在生活上井井有条地处理各项事务。当孩子不能够做到我们的标准时,我们通常会反复叮咛、嘱咐甚至怒吼,但是结果往往只是收获一个看上去对什么都不在意的孩子。责骂从来不是一个好的教育手段,相反,理解和耐心才更能令孩子接受。

我们必须承认,成长是十分艰辛的事。对那些心不在焉的孩子来说,有部分孩子是先天不太懂得表达,而采取回避态度;大多数孩子是不知道如何回答。当我们把姿态放低,走进他们的内心,也许才会理解:他们遥远地看着我们,心里做不到却又不敢说、也不知道如何说的难受。当我们真的理解了他们的困惑,放平心态去教育他们,这样的方式往往更加奏效。

妈咪魔法棒

要科学理解孩子的"心不在焉"

心不在焉的孩子,看上去总是一副不理解妈妈的样子,但他们内心其实比别的孩子更需要妈妈的理解。因为心不在焉不代表不明白,只是欠缺沟通和交流。作为妈妈,我们应该正视他们的毛病。只有正视,才能够好好交流;只有了解到孩子的问题,才能更好地解决问题。大部分心不在焉的孩子都是不专注的孩子,他们不是故意心

不在焉,更多是基于避难心理,通俗来说,就是孩子的脸皮比较薄,他们害怕接受不满意的结果,尤其害怕他们的成绩令妈妈不满意。所以,孩子正是因为太在意我们,才选择了心不在焉。

面对这样的孩子,我们可以给他们一些适当的帮助,比如多给他们信心和鼓励,让他们从一件件小事做起,从他们感兴趣的方面入手,渐渐提升他们的自信心。在自信心的鼓舞下,孩子的专注力会越来越好。妈妈们,请行动起来吧,给你的孩子足够的耐心,让他们一点点自信起来,从专注完成一件事到完成一系列事,他们的变化一定会超乎你的想象。

② 家有小话痨,我们对症下药

案 例

泉泉是一位正在读幼儿园大班的 6 岁男孩,他的妈妈最近为他过度发展的语言能力感到烦恼。

泉泉妈妈说:"泉泉在两岁之前都不说话,我们还担心他不能讲话呢,谁知道现在特别能说话,话多到有点令人烦恼。我在家的时候,他不断地问,小狗为什么还不吃东西? 小乌龟什么时候可以睡醒? 窗边的小花什么时候能开? 又或者爸爸下班晚了,他就每隔几分钟追问爸爸几点回来。我和他爸爸都特别烦,不知道他的嘴巴为什么似乎总是不能停下来。而且我们发现,他总是喜欢打断别人说话。

"有一次,我们家里来客人,我给他玩具,让他自己玩一会儿,他就不好好玩,就喜欢在我们跟前凑热闹,一会儿说说自己的玩具多好玩,一会儿问我们待会儿吃什么,总是在插嘴。我和他说你自己先玩会儿,妈妈待会儿陪你,他答应得好好的,没多久,又过来继续不

停地说话。"

"不仅在家里,在班级里也少不了他的'环绕立体声'。有一回,他们班组织了元旦庆祝活动。那日放学我去接他回家,远远地就听见他的声音,他还在和班委谈论对庆祝活动的感想,正滔滔不绝呢。另外一个同学提出不同意见,人家话还没说完他就打断人家,说人家说得不对,又继续说自己的观点,完全不尊重人。在平时生活中,我经常教育他不能这样,但是他似乎总是听不进去。"

专家锐评

话痨宝宝其实很可爱,他的可爱在于他对这个世界充满了好奇。当然,问题也很明显,他对每件事情的关注时间很短暂,他也许每天有十万个为什么,可我们的回答似乎并没有走进他的心里,他常常在不断重复自己的问题。是不是很无奈?从儿童心理学的角度来看,该阶段的孩子拥有适度的表现欲,是一种积极健康的表现。但是过度表现欲,确实需要妈妈及时关注并纠正。比如,打断他人说话。

了解孩子话痨背后的原因

想要改变孩子,我们首先需要了解清楚,他为什么会这样?孩子话痨意味着,他的自我意识较强,他无法接受父母的注意重心不在自己身上。在他看来,父母不和他说话,就是对他的忽视。于是,他选择通过打断别人说话或者不停问问题的方式,强行将自己摆在父母面前。除此之外,还有一些原因会导致他过度表现自己,比如,有时候他确实对大人们说话的内容感兴趣,虽然我们无法理解他为什么感兴趣,但是他确实希望自己多获取一些知识;或者他当时正无所事事,因为无聊而选择打断人家的说法。

给话痨宝贝们合理地对症下药

懂得了话痨宝贝的心理,我们便可以对症下药了。面对自我意识较强的孩子,我们可以投其所好。你要明白,你越是反对什么他越想探究什么,因为他很希望得到你的关注;你越不让他说话他越说得来劲,你越不让他玩危险的玩具,他越是要玩给你看。那么不如你演一出戏,把希望他做的事,假装在他面前做一做,最好叫上他爸爸一起配合。比如,你们一块看书,假装开怀大笑,想必孩子一定会跑到你们跟前,问你们为什么这么高兴。不需要你们逼他看书,他也许会以一种轻松的姿态开始自主阅读呢。

当孩子真的对大人的交谈内容感兴趣时,我们要多一些耐心向他解释,这也有助于培养他的专注力。当孩子问的事情比较明确的时候,我们不如放下手上的事,专注地给他讲解某一个事物。当孩子确实因为无所事事而问问题时,这些的问题往往是无序的、莫名其妙的,在这个时候,我们可以考虑给他设定两三个任务,让他自己选择一项去完成。

除此之外,面对孩子经常打断他人谈话的行为,我们可以给予适当惩罚。比如,当孩子在大人们交流的过程中不断插话时,我们可以先明确告诉他,这样的行为对人非常不尊重,而不是直接告诉他不能这样做。说清楚我们制止他的原因比突如其来的强行制止,对孩子来说,教育的效果会更好。当他仍然继续插话时,我们可以再多解释几次,实在不行,那么就可以强行制止了,并且要提出具体的惩罚措施,比如,我们可以告诉他,因为他的插话行为影响了我和朋友的交流,就惩罚他今天帮奶奶洗碗,或者帮爸爸收拾东西。

当然,在以上交流过程中,我们一定要注意语气平缓一点,千万不要大声呵斥,因为呵斥的后果往往是更耗时间的哄,更花精力的劝,与其如此,不如我们一开始就心平气和地教育他,告诉他:为什

么不对、不对在哪里、应该怎么做。反复说清楚这些之后，他还是做不到的话，我们就要对他适当惩罚一下了，他才会清楚地记得插话行为的不妥，同时也能够在这个过程中懂得做错了事情就需要承担相应的责任，付出一定的代价。

妈咪魔法棒

学会尊重孩子很重要

很多妈妈喜欢说：大人说话，小孩别插嘴。别小看这一句随口说出的话，对孩子的影响却是深远的。我们习惯性认为孩子还太小，认为他不懂我们交流的内容。其实，孩子一岁半以后，他们的自我意识就已经很强烈了，所以，我们首先得学会尊重孩子。其次，没有人喜欢被打扰，孩子喜欢打扰别人，是因为他们还不懂得秩序和规矩，因此，我们必须给予他们教育和引导，而不是简单的制止。

巧用沟通技巧助力孩子成长

其实客观来说，宝宝有些话痨是令人欣慰的，因为这样的孩子往往在社会交往方面有一定的优势。俗话说，会叫的孩子有奶吃。爱说话的孩子不仅容易交到更多的朋友，而且语言表达能力强的孩子也容易受到老师们更多的关注。因此，面对话痨孩子，我们要巧用沟通技巧，努力将孩子的优势放在合适的场景中，促使他们的优点不断放大，向更好的方向发展。如果我们一味地放任不管，孩子可能对自己喜欢打断他人的行为不以为意，从此养成了打扰别人的坏习惯，那么孩子的优势可能就变为劣势，成为令人讨厌的缺点。

作为妈妈，我们能做的，是尽可能多花一些时间，观察孩子的日常行为，试图理解他们不良行为背后的原因，再根据原因，实施相应

的对策。比如，我们可以通过改变与孩子交流的方式，去纠正他们固有的问题；我们也可以通过一些小的惩罚方式，帮助孩子养成规矩意识，让孩子试着学会理解父母。

③ 正视不爱认错的"小精灵"

案 例

晴晴是个聪明的小姑娘，她总是喜欢挑肥拣瘦地干活，知道妈妈要扫地，她给递个扫把，向妈妈说些甜言蜜语的话，就糊弄过去了。

这天，晴晴考试成绩出来了，妈妈问："晴晴，你这次语文考了多少分啊？"晴晴说："我这次语文作文写得可好了，就是阅读理解稍微差了点，但是这次阅读理解确实太难了，不能怪我，很多同学都没考好。老师说，这次是故意给大家出个难题。"

隔天，妈妈找到语文老师了解情况，老师说："晴晴做题很不认真，虽然题做得很快，但是看题目不仔细，做完题还不检查，明明会做的题目她也总是做错，非常粗心大意。"妈妈又问："您这次出题是故意提高了难度吗？"老师说："并没有，和之前是一样的。"

妈妈回家后质问晴晴，晴晴仍然狡辩："妈妈，你别听老

师说,你得听我说。老师都是故意那么说,你问问别的同学,大家都觉得这次的题目很难呢。再说,这个语文老师总是故意为难我们,她喜欢出难题,我们虽然阅读的题目难,但是其他题目简单多了啊,所以我们班级的平均分还是挺好的。妈妈,我这次阅读没做好,等下次老师把阅读题目的难度降低了,我自然就能考得好。"妈妈又问:"老师说你做题目总是做得很快,就是不好好检查呢?"晴晴又有自己的一套说辞:"不需要检查,我做题的时候都是想好了才写的。"

专家锐评

晴晴妈妈,你家的小宝贝真是个聪明的小精灵。她确实很聪明,语言表达能力还特别好。但是透过她说的话,我们能发现,晴晴总是喜欢回避问题,在晴晴看来,她犯的错误都是情有可原的,而且这个原因通常都来自他人或者外部环境,她不认为自己有错误。这也就是我们通常所理解的自负,而自负的孩子往往缺乏一定的专注力。那么,孩子为什么会如此自负呢?

别让孩子认知失调自欺欺人

其实,孩子不是自负,是存在一定的认知失调。小宝贝在遇见负面事情的时候,内心就会开始紧张,心理上会产生两种不一致的认知,他会不自觉地选择那个让自己更舒服一点的心理认知。比如晴晴,她并不是不知道自己的错误,只是她内心一直有一个声音在告诉她,这个试题确实有一定的难度。她也更喜欢接受这样的声音,因为这样的认知有利于她自己重拾信心,改善不愉快的状态。

请别过度担心,孩子有这样的表现十分正常,实际上,我们成人也存在这样的表现。当然,我们不能放任孩子这样继续下去。因为当孩子总想着回避问题,朝着自欺欺人的方向发展时,他容易养成推

卸责任的坏习惯,而且长时间维持错误的认知习惯,容易让他逐渐放弃自我修正的意愿。

说教孩子不如家长现身说法

要制止孩子继续这样的行为,我们可以从自己的角度现身说法。比如,我们可以故意做错一件事,然后在孩子面前表现出和他们类似的姿态。假如我们一晚上不关走廊的灯,第二天早上起来,晴晴会问:"妈妈,你昨天忘记关走廊的灯了。"晴晴妈妈说:"不,不是我忘记了,是你爸爸忘了提醒妈妈这个事,妈妈本来是想要去关灯的。"当晴晴说:"妈妈,好像真的是你忘记了。"晴晴妈妈便可以借此机会和晴晴说:"晴晴,妈妈刚才错了,妈妈确实是忘记了,但是妈妈害怕你觉得妈妈做错了事,害怕你觉得妈妈做不好就指责妈妈,所以想借你爸爸的说辞搪塞你,你是不是觉得妈妈不负责任,你能原谅妈妈吗?"我们相信,晴晴此时会原谅妈妈。借助这个机会,我们再来问问晴晴:"晴晴,你有没有遇到这样的事呢?妈妈遇到了这样的事也觉得很抱歉呢。"等孩子说出来之后,我们首先要表示接受:"晴晴,妈妈不会责怪你,因为每个人都会犯错,也会有想逃避的心理,但是只有勇敢面对,我们才可以长大,一次两次的失败没有关系,找到问题的根源,再尝试去解决就好。"当孩子们学会从问题下手,正确看待问题、解决问题,那便是孩子真正的、宝贵的改变。

除此之外,很多孩子因为受到老师批评,觉得自己很笨,从而渐渐形成了逃避型人格,遇到问题就躲,遇到事情就逃,害怕承担责任,这样的孩子成年后往往会有较为明显的性格缺陷,在人际交往中是一大短板。所以当我们发现孩子有回避责任的趋势时,要及时现身教育。教育孩子专注于发现自己某一个方面的问题,教授他们改变问题的方法,教导他们学会敢于担责,勇于担当。

妈妈的正面示范作用非常重要

妈妈是孩子的第一任老师。当孩子出现异样的不规矩行为,妈妈也应该反思一下自己,是不是曾有过不好的示范。如果有,那么从现在开始,要时刻提醒自己不要再在孩子面前逃避问题和责任。尤其是面对孩子的质疑,我们不要担心孩子们不理解,或者因为害怕承认错误而影响自己的形象。相反,你越敢于承认错误,勇于承担责任,孩子才会越理解你,越欣赏你。当他遇到类似的问题时,才会以你做榜样,为自己的错误埋单。

还有非常重要的一点,当孩子第一次认错时,我们一定要注意,千万不要继续揪着孩子的错误不断批评指责。我们要学会给孩子多一些鼓励,再帮助他们分析错误之处,教导他们以后如何处理类似问题。相信在日后,我们的孩子会给我们一个大大的惊喜,他们的改变会超乎我们的想象。

妈咪魔法棒

用科学的方法代替无用的指责

很多妈妈对不爱认错的宝贝非常介意,总是忍不住第一时间指责他们,害怕过了时间孩子便不认账。但是,这些妈妈急于求成的教育行为往往令孩子更加反感,容易促使孩子选择逃避。甚至有些妈妈坚定地相信"棍棒之下出孝子""不打不成器",这是非常不可取的。请相信,不爱认错的宝贝总是有各种各样的原因,我们一定能够通过合理的方法,明白他们各种各样的心理状态,纠正他们的错误行为,改变他们爱逃避问题的情况。

孩子也许存在着侥幸心理,害怕承认错误招致惩罚;也许自尊

心过强,害怕别人知道自己犯错;也许是还没意识到自己错哪儿了。无论你家的小精灵属于哪一种情况,我们都不要急着指责,要冷静下来,想想孩子犯错的原因,给他们一点台阶、一点面子,待孩子情绪过去,我们再站在他的立场,以回忆的方式问他们:"宝贝,你是不是犯了一个小错误?我希望你能把妈妈当好朋友,向妈妈坦白。妈妈不会怪你,妈妈也会犯错的。虽然这个错误大家都并不想看到,但是如果你能诚实地承认错误,自己心里才不会难受,以后遇到这样的事也能更好地处理。"作为妈妈,我们要多以这样科学的方式教育孩子,并以身作则,相信孩子会渐渐改变。

④　易怒的小魔王不可怕

案例

"爷爷又抢了我的电视机!"

小明的一天总是从指责家人开始。每天一早起床,他总是要看电视,要把电视看完才肯吃饭,家人们稍有反对意见,他立马暴跳如雷,摔锅碗瓢盆更是家常便饭。

一天,我遇见小明妈妈带着小明出门,在等电梯的间隙,一位比小明小一岁的孩子走了过来,看见小明手里的棒棒糖,忍不住就伸了手拿过去。小明立刻对妈妈

说："妈妈,他抢我的棒棒糖。"小明妈妈说:"弟弟还小,我们送给他好不好,他不会吃,就是好奇想玩玩。""不行,这是我的棒棒糖,别人不能吃也不能玩。"说完,他立刻把小男孩手中的棒棒糖抢过来,摔在地上踩得碎碎的,还一把夺过小男孩手中的玩具,狠狠地摔在地上。"这是他抢我棒棒糖的代价。"

之后,小男孩哭得稀里哗啦的,小明却笑了。小明妈妈赶紧把小明拉到一边,向邻居道歉,然后训斥小明:"你到底怎么回事?一个棒棒糖而已,为什么要这样对弟弟?不能和弟弟好好说吗?他手中的玩具,你为什么也要摔坏呢?"小明不以为然地说道:"他欺负了我,我就必须加倍对付他。"小明妈妈忍不住扇了小明一个耳光,小明仍然倔强地说自己没错,噙着眼泪嘟嘟囔囔地一路指责那个小男孩。

专家锐评

我们在生活中经常会遇到这样的情况:不买玩具,孩子坐地不起,大哭;不让他们玩游戏,孩子生气地摔玩具,大哭;让孩子早点睡觉,说多了就哭;批评他们,孩子反驳两句,又哭;回家晚了没有陪伴,孩子不高兴,还是哭。好像生活中任何一点小事都能触及他们柔软的心,往往这个时候还得附带一家人的综合性批评,"当妈妈的怎么不好好管教孩子。""这个孩子怎么被你宠成这样?""你平时有没有认真和他说说他的问题?"每当面对这些问题,相信很多妈妈都深感崩溃。那么,孩子究竟为什么总爱发脾气呢?

不妨带着孩子一起改善性格

妈妈们,我们是不是经常向自己的先生抱怨:"孩子这样的暴脾气,简直和你一模一样。"没错,我们的抱怨的确有一定科学依据,孩子先天的性格特质大部分来自遗传,脾气也是。但是,即使是先天气

质如此,并不意味着不可以改变。遇上性格暴躁的孩子,我们仍然可以采取一定的教育方法改善他们暴跳如雷的性格。当我们的孩子确实和家里的某一位近亲性格相似时,那么,不妨让这位跟孩子性格相似的大人带着孩子一起克制情绪,共同进步。相信过不了多久,就能够有效地改善孩子的先天气质,同时还能够很好地改善家庭氛围。

请正面应对孩子的情绪宣泄

除此之外,还有很多原因值得我们探究。比如,孩子如果经常遭受挫折,他们的信心会受到极大打击,他们需要宣泄情绪,而宣泄的对象常常是最亲的人——父母或者其他家人。因为孩子的内心都有想独立、想掌握全局的意识,他们希望自己成为成人世界的一员,尤其是在幼儿阶段,他们迫切希望得到家长的认可。如案例中的小明,从表面上看,他发脾气是针对小男孩,实际上是针对他妈妈,他希望他妈妈正视他手中棒棒糖被抢的这个事实,而当他妈妈对这个事实不那么重视的时候,他的小脾气便无法抑制了,以致最后以抢摔别人玩具为发泄方式,以表达自己对妈妈处事的不认可。

所以,小明妈妈,这个时候,我们可以换一种方式去劝服易怒的小宝贝:先接受小明被抢的现状,让他说出自己的委屈,我们再表达对他的理解;再对他摔别人玩具进行批评,也许更能让他接受。比如你可以说:"明明,妈妈知道,弟弟拿了你的棒棒糖不对,但是我们可以和弟弟说啊,我相信你和弟弟好好说,他会把棒棒糖还给你的。但是你抢弟弟的玩具就不对了,这和弟弟抢你的棒棒糖有什么区别呢?再说,弟弟也没有摔你的棒棒糖,你却摔坏了他心爱的玩具,你想,是不是你做得比他更过分了一点呢?"

作为妈妈,我们的目的不是指责孩子,而是教育孩子。我们只需换一种方式告诉孩子,她究竟错在哪里,会有完全不同的教育效果。

科学地使用情绪 ABC 理论

另外,我们面对这样易怒的孩子,还有一个很好的办法来进行约束,就是和孩子进行合同约定。

这是一个美国爸爸的故事,这位爸爸叫内森。一天,内森下班回家,看到 3 岁的儿子脸蛋红红的,正气嘟嘟地坐在地上。再往家里一看,小家伙不仅用剪刀剪坏了所有玩具,还把狗狗头上的毛也剪掉了。内森急忙上前询问:"嘿,我们家的小男孩干吗这么生气呢?"小家伙瞬间情绪崩溃,委屈地说:因为狗狗吃掉了他所有曲奇饼干。"嗯,这的确很难过。该死的狗狗不应该吃掉我家小男孩的饼干,但是你的泰迪熊和你的牛仔警长胡迪玩具却遭到了你不公平的对待,哎呀,太惨了,它们可都是你的好朋友呀……"听到这,孩子不好意思地笑了。"更要命的是,你将被罚款 5 美元,看看你上周签的情绪管理合同吧!"孩子最后沮丧地从自己的储钱罐里拿出了 5 美元交给了爸爸内森。爸爸内森说:"自从有了情绪管理合同,孩子由一开始的每周平均发 5 次脾气,降到了每周 1 次了,目前正朝着更好的态势发展。"

我们看到,在这个故事中,内森爸爸借用情绪 ABC 理论,对孩子的情绪进行了科学引导。在情绪 ABC 理论中,A 是指孩子发脾气的原因,B 是指孩子对事情的看法,C 是指孩子的坏情绪和坏行为。我们在面对易怒的孩子时,要先询问他们发脾气的原因,就能够有效地引导孩子进行自我反思。在此基础上,我们再利用共情心理让孩子打开心扉,引导孩子对自己的坏脾气、坏行为产生一个相对客观公正的评价,最终促使他们渐渐地从自己出发,学会改变自己、控制情绪。

妈咪魔法棒

学会控制情绪才能培养专注力

学会控制情绪,是实现专注力的关键一步。事实上,当孩子被情绪掌控时,他往往已经忘记了要专注的事物,因此,我们必须好好教育易怒的宝贝,让他们学会控制自己的坏情绪。

第一,面对易怒的孩子,妈妈们要记住一个原则——宜疏不宜堵。我们可以批评他,但前提是你了解到他不高兴,想对特定的人或者事物发脾气的原因。

第二,我们可以和他们约法三章,约定情绪管理的内容、时间、方式以及惩罚举措,适当的惩罚会令他们更好成长。妈妈们千万别小看这样的形式,孩子都喜欢游戏,与他们约定的时候,我们要用一种游戏竞赛的口吻来制定,让他们自己参与进来,爸爸或其他家庭成员也可以一起参与,与孩子们一同来约定。当我们发脾气时,也按照约定惩罚要求执行,这样既可以给孩子做一个好的示范,同时也让他们在这种竞赛的氛围里学会控制情绪,培养他们的高情商。

有人说,养孩子就像种花,孩子身上的坏脾气、坏毛病就像花叶上的灰尘,你得经常清洗擦拭。力气轻了擦不干净,力气重了会把花弄伤。作为妈妈,我们常常不知道该怎么用力,所以时而用力过猛,弄苦孩子;时而用力不够,让孩子不明所以。只有当我们懂得如何教育、如何用力,孩子才会更加接受我们,才会变得乖巧懂事。

⑤　让孩子爱上阅读吧

案例

　　我身边很多妈妈,在孩子二三年级的时候,总是显得特别苦恼。

　　家长 A:"我家静静特别不爱学习,不爱看书,一看书本就说烦,尤其是语文课本,一看就犯困。她总对我说,我就是不爱看书,看书可费劲了。我问她喜欢干什么,她说她就喜欢画画,看着画板就很高兴。好几次我陪着她读书,她总是打瞌睡。但是让她画画就好很多,不需要过多管束,她自己就能好好地画画。可是美术课不参加高考啊,我很担心她的未来。"

　　家长 B:"你家静静可比我家岩岩强多了,岩岩一遇到学习的事就喊累,总想着偷懒,宁可干活也不想看书。他就喜欢摆弄小汽车,家里的汽车玩具都快放不下了。一有空,他就一个人把汽车模型拆了,然后重新装好。让他好好学习语数外,给他报了兴趣班,老师说他上课和别的同学谈论汽车,下课还领着同学去马路上看各种品牌汽车。

好多汽车品牌我都不认识呢,都是听他说的。他总是不务正业,跟他说了很多遍也没用。我和他爸爸每天轮着陪他读书,都被气得不行,

读书没过多久,又关注起自己喜欢的汽车去了。"

专家锐评

　　学习是一个很抽象的概念,学习包括阅读书本知识,也包括学习各项技能。其中,阅读对于学习来说,是非常重要的。通常来说,不爱阅读的孩子,思维能力会稍欠,专注力也会相应差一些。那么,如果孩子不爱阅读,妈妈们该怎么办?

　　如今这个时代,让孩子产生兴趣的东西实在太多了,如,平板电脑、手机等电子设备,让孩子获取知识的渠道越来越多,同时,也给孩子带来太多诱惑和负面影响,比如沉迷游戏。相对于现代多元化的信息载体,书籍本身就显得有些枯燥、呆板。

为孩子挑选他们感兴趣的书籍

　　对孩子来说,投其所好很关键,我们要从孩子感兴趣的方面入手,为他们选择适合他们阅读的书籍,这是一个不错的方式。当然,因为孩子自制力尚且不够,我们还需要辅之制订一些学习计划。给孩子列一个目标,让孩子们从完成小目标开始。比如,我们希望孩子提高英语成绩,那么从现在开始,我们规定孩子每日背两个单词或者读一篇短小精悍的文章三遍。当孩子适应后,再逐步提高这个目标的任务值。当然,给孩子的规定阅读内容不一定仅限于课堂内,选择课外读物也许更容易提起孩子的阅读兴趣。在内容选择上,妈妈们需要多花一些时间,尽量从孩子感兴趣的事物入手。比如案例中的静静,她喜欢画画,那么静静妈妈就可以从美术类的内容入手,为她挑选适合她阅读的书籍。

营造良好的阅读环境很重要

除此之外,我们可以拉上孩子爸爸一起,为孩子营造良好的阅读环境。读书需要良好的氛围和读书的环境,孩子天性爱玩,希望他们专注阅读,我们需要从自身做起,尤其对于自制力较差的孩子来说,我们以身作则的坚持阅读习惯尤为重要。也许我们没空陪孩子阅读,但至少做到在家里放满书籍,让孩子随时能找到书、看到书。我们可以试着在孩子的书包里放一本课外读物,这样即使他对课本知识有一些抵触,上了一天课也已经比较疲惫,他还有机会通过课外读物来放松一下。比如案例中的岩岩,他真的很喜欢小汽车,可是因为这并非一个科目,所以父母对他的兴趣爱好不知道怎么支持,其实,岩岩妈妈可以换个思路,不如就从汽车的相关书籍入手,培养孩子对阅读的兴趣。

及时为孩子的阅读困惑答疑

还有一点,我们要及时给孩子答疑解惑。读书过程中,孩子肯定会遇到很多问题,可是因为很多问题父母不太支持或者不够了解,孩子没有太多的机会获得解答,便慢慢失去了对这个领域的兴趣。往往这个时候,父母需要想办法自学一些知识,或者找到同龄孩子或者有共同兴趣爱好的孩子,给他们创造讨论交流的条件,促使孩子加强交流和思考。当孩子与其他小朋友的互动越来越好,他们的求知欲便会越来越强,阅读的积极性也会越来越高。因为孩子天生都有好奇心,他们希望能够获得更多的知识和技能,也希望获得他人的认可。

当然,孩子如果在这个阶段确实没有特别的兴趣爱好,却仍然存在阅读能力较差的问题,那么,我们需要换一种方式。比如,我们可以多提供一些书籍,拓宽孩子的视野;带孩子们去图书馆或者书店;多带他们参与一些读书活动,让孩子感受到读书确实能够给人

带来快乐。只要方法合适，他们会自然而然地尝试阅读。

以贴近生活的方式让孩子爱上阅读

电影《银河补习班》，生动诠释了如何从生活出发培养孩子对学习的兴趣，尤其是阅读的兴趣。其中一个经典桥段是这样的：邓超饰演的爸爸带着孩子来到草丛边，躺在草地上给孩子解释"草色遥看近却无"，孩子受益颇丰。这样科学的做法无疑是激发孩子学习兴趣的最好方式，比任何传统的课上补习班效果都好，不愧为"银河补习班"。所以，作为妈妈，我们要以贴近生活的方式去激发孩子的学习兴趣、阅读兴趣，就能更好地解决孩子不爱阅读的问题。

妈咪魔法棒

培养孩子良好的阅读习惯和方法

我们都知道，书籍是人类进步的阶梯。一本好书不仅能丰富孩子的认知，还能够激励孩子成长，指引他们一步步走向成熟。但对很多孩子来说，阅读兴趣和阅读能力都不是与生俱来的，因为书籍的内容确实太抽象了。作为妈妈，第一，我们需要尽可能给孩子营造良好的读书氛围，从孩子们的兴趣点出发，将他们的兴趣与阅读的内容结合起来；第二，我们还需要花费很多精力去监督他们学习的实际情况；第三，更为重要的是，我们需要培养他们的阅读习惯，让阅读成为他们生活中不可或缺的一部分。

让孩子从此学会阅读、爱上阅读

阅读是一件非常美好的事请，也是提升孩子专注力最有效的方式之一。很多时候，孩子之所以不喜欢阅读，是因为没有感受到阅读

带来的愉悦感。毕竟阅读与其他行为不同,阅读带来愉悦感并不是即时的,而是长久的、延迟性的。所以我们在引导孩子阅读的时候,不妨将阅读和孩子的日常生活关联起来,让他们在阅读中体会生活,学会生活,逐渐地感受阅读带来的快乐与美好。

第四章

专注力训练小妙招

① 舒尔特训练法

舒尔特训练法是目前国际上普遍用来训练人注意力的一种简单并且容易操作的方法。这个方法起初主要是针对飞行员训练,现在广泛地应用在训练孩子的专注力上。有研究表明,舒尔特训练法的有效使用能够促进孩子们加快阅读速度、扩展孩子的视野幅度,甚至能够达到一目十行、一目一页的惊人效果。随着孩子练习的不断深入,孩子眼球的末梢视觉能力也会不断地提高。

那么究竟该如何操作呢? 方法很简单,自行制作一张方形卡片,在卡片上画 1cm×1cm 方格,格子内任意填写上阿拉伯数字 1—25 的共 25 个数字。其中,方格有 2×、3×、4×、5×、6×、7×、8×、9×,由这些形成舒尔特方表之后可用于练习注意力。制作卡片时要特别注意,规格大小的话一般参考规格大约是边长为二十五厘米的正方形。

妈妈们,在开展训练之前,我们最好首先给孩子做个测试,看看自己的孩子在相应的年龄段内处于什么样的水平,再考虑制定何种表格和何种要求。以 7-12 岁为例,20 秒内完成者为优秀,说明孩子的专注力较强;36 秒内完成属于中等水平,说明专注力有待提高;45 秒以上才能完成,说明孩子专注力太差。

做完测试之后,我们便可以开始系统性训练。最开始我们对孩子的要求不需要太高,根据孩子所学的知识制作就好。随着孩子们阅读能力的逐步提升,我们可以再动手制作不同难度、不同排序的舒尔特表。

1	24	3	16	18
20	11	8	12	5
14	2	19	25	15
6	17	21	7	22
13	4	23	10	9

舒尔特训练表

训练方法也很简单，要求孩子用手指按从小至大抑或是从大到小的顺序依次指出每一个数字所处的位置，同时要求孩子诵读出声，家长在一旁记录所用时间。(参考舒尔特训练表①)每天坚持5分钟，便可以有效改善孩子注意力分散的问题。如果有兴趣继续提高练习的难度，妈妈们还可以自己制作36格、49格、64格、81格的表。

训练时，我们需要事先和孩子约定，一张表格训练在什么阶段达到什么样的成绩，如果没有达到可以考虑延长训练时间。如果实际训练时，孩子确实累了，也可以休息一下或者明天再做，只要长时间坚持这个方法，孩子的注意力会得到较明显的改善。

② 缤纷游戏法

对于孩子们来说，爱玩是天性，所以用种类丰富多样的游戏来引导他们提升专注力是最佳方式。下面我给大家推荐几种游戏，妈妈们可以根据自己孩子喜欢玩的游戏进行适当调整。

1.准备好许多水果图片，摆放在他们面前，让他们听到水果的名称就拍手，听到其他则不能拍手。

2.准备好几类大小形状类似但有区别的图片，教育孩子这些大小形状的区别，然后打乱顺序，让孩子在一定时间内按大小或者形状的不同排序。

3.准备好一些家里的调味料，如醋、酱油、香油、豆瓣酱等等，装在同样的容器里，给孩子们闻一闻，并告诉他们名称，过几分钟，让他们自己辨认出调味料的名称。

4.给孩子们做不同的动作，并说出动作的名称，让孩子们模仿自己做，并说出相应的名称。

5.取三张不同的牌(去掉花牌),随意排列于桌上,如从左到右依次是梅花 2,黑桃 3,方块 5,选取一张要记住的牌,如梅花 2,让孩子盯住这张牌,然后把三张牌倒扣在桌上,由家长随意更换三张牌的位置,然后,让孩子报出梅花 2 在哪儿。

6.三人围坐一圈,每人报上一个站名,通过几句对话语言来开动"火车"。如爸爸当北京站,母亲当上海站,孩子当武汉站。父拍手喊:"北京的火车就要开。"大家一齐拍手喊:"往哪开?"爸爸拍手喊:"武汉开。"于是,当武汉站的孩子要马上接口:"武汉的火车就要开。"大家又齐拍手喊:"往哪开?"孩子拍手喊:"上海开。"这样火车开到谁那儿,谁就得马上接得上口。"火车"开得越快越好,中间不要有间歇。

③ 时间管理法

专注力是一项要求在有限时间里集中关注某一事物的心理活动的能力,在这个任务中,时间是至关重要的因素。所以教育孩子学会管理好自己的时间,提高对时间的效能,是非常重要的一件事。

我们都知道,不同年龄段孩子对时间的理解是不同的。对于 3 岁以下的孩子来说,他们还没有能力看懂展现时间的载体,比如手表、时钟等,但是我们可以从较大范围的时间让他们感受到一整天的时间大致是如何分配,教会他们理解一年四季,感受春夏秋冬,分清楚早上、中午、晚上,给他们规定在某个大范围的时间段需要做的事,训练孩子对一定时间完成一个或者几个任务的概念。比如面对一岁半的小宝宝,我们可以规定早上吃水果,我们对孩子说:"宝宝,十点到了,该干什么了呀。"第一次教育他要吃水果啦。他不记得没有关系,多说几天,孩子会记得。当孩子 4 岁之后,我们便可以通过讲故事的方式让他们领会时间的意义,让他们懂得时间有限的道

理。比如我们可以给他们假设有时间银行,教会他们,时间是一种不可再生的资源,是像存款一样可以支配的东西。给他们强调这样的概念,会让他们更加珍惜时间。当孩子已经6岁了,我们便可以训练他们制作自己的时间表了,让孩子明确什么时间做什么事,做多长时间,完成到什么程度算合格、什么程度算优秀,这些内容都可以规定。虽然开始孩子会抗拒,但是当你坚持下来,孩子一定会发生令人惊喜的变化。

　　还有至关重要的一点是,我们在训练孩子制作时间表的时候,姿态仍然需要低一些,我们的目的是激发孩子们的主动性。因而在教育他们时间管理时,我们要从他们熟悉的事物出发,慢慢增强他们的时间观念,将效率的概念渐渐融于他们的生活习惯中,这样,他们才能真正感受到时间管理为自己带来的好处,这样的改变才能够长久地持续下去,成为孩子们迈向成功的重要阶梯。

◆ 后记 ▶

专注力真的是影响人一生发展的重要品格。专注意味着集中精力、全神贯注、专心致志地做好一件事，这样的精神是决定一个人能否成功的决定性因素之一，古往今来的历史名人已经用亲身经历告诉我们，专注力是何等的重要。著名科学家牛顿经常废寝忘食地做科学实验，有时接连几个星期不舍昼夜地在实验室工作。据说牛顿在一次实验时，一位朋友来看望他，等了好半天没有出来，就把牛顿的烧鸡吃掉了，将骨头留在盘子里。过了很久，牛顿从实验室出来，发现一盘子鸡骨头，便以为自己吃过了。虽是轶事，却足以令人感受到牛顿的专注。他曾说："如果我对世界有微小贡献的话，那不是由于别的，都只是由于我的辛勤而耐久的思索所至。"而我们几乎可以断定，没有专注这个重要的前提，牛顿那辛勤耐久的思索不可能存在。

孩子一出生便是一张白纸，作为妈妈，我们是第一责任人，教育孩子也是我们与生俱来的责任。众所周知，孩子的专注力是需要培养的，而且越早培养越好，当然任何时候开始培养都不算晚，但是我们必须看到，及时纠正孩子的粗心大意确实能够让孩子少走一些弯路。孩子的天性是爱玩的，专注的时间是很有限的，专注的内容是分散的，如果我们不及早进行干预和教育引导，孩子步入小学阶段便会暴露出许多问题，诸如三心二意、粗心大意、散漫无章、拖拉敷衍等等，甚至很有可能出现无论我们怎么说都不听不改的情况。所以我们在培育孩子专注力方面，必须要下功夫、花力气，不然以后漫长的岁月，你的宝贝可能需要花更大的力气去弥补专注力缺乏的品格缺陷。

从现在开始,从我们自己做起,带领孩子一块学习如何提高专注力吧。你要知道,借助亲子关系的专注力培育比任何辅导班都更有效,身为妈妈的你注定是孩子最信赖、最亲近的培育者,这是任何人都无法替代的。而且,在孩子专注力的培育方面,不是单纯的说教或者提要求就能够彻底的实现改观。专注力的培育是一个系统工程,是一个耗时长、耗人力、强度大的工作,既需要我们全力指导,还需要多方面配合发力,因此,你需要一些家人作为坚实的后盾,共同为改进孩子专注力努力。

第一,我们当然需要明白,这是一项非常艰巨的任务,教育孩子如何一心一意做好一件事,我们从不规定时间教育方法到规定时间按要求完成,这样的过程可能持续大半年甚至更长,但是这个事贵在坚持,只要妈妈们多坚持一会儿,孩子们对事物的专注力习惯便能养成。

第二,我们还需要为孩子营造一个良好的学习环境。著名教育家陆士桢教授在《龙凤出自父母手》一书中给家长这样的培养方法:"①要有符合孩子年龄特征的合适的桌椅板凳。这是保证孩子在学习过程中身心健康最基础的要求。②光线充足,空气流通。这点虽然简单,但是很重要,城市里很多家庭能达到,但是也应该引起家长的足够重视。③安静,没有干扰的环境。有的家长让孩子在屋里做作业,而她自己在客厅看电视,一边看还一边大声说笑,不一会儿,孩子禁不住诱惑就想出来看电视。这时,家长通常就会非常严厉地呵斥孩子,让他回自己的房间去做作业。其实,在这种情况下,孩子回自己房间做作业是非常不情愿的,他的心思都在电视上了,他会想,'妈妈在那看什么呢?怎么会那么高兴呢?我也想看看!'"

第三,我们需要给孩子们选择合适的训练内容。约法三章是一个不错的选择,和他们签订相关的"合同",实际是为他们制定相关的时间计划表,教育他们如何在有限的时间内完成好既定任务。我

们还需要给他们制定一些规则和惩罚措施,让他们学会专注的同时明白责任和担当,懂得更多为人处世的道理。

第四,我们需要尊重孩子,不能提出对孩子来说太难的要求,毕竟他们还小,能从点滴的生活中改善便是极好的。孩子都希望看到妈妈肯定的笑容,所以一定不要吝啬你的赞许,赞许真的比打骂有用得多。但是我们在实施培育方法的时候,也需要放低姿态,因为孩子真的很忌讳妈妈总觉得他们还小,孩子都在迅速成长,不管你是否愿意承认,他们成长的速度真的很快很快,所以我们得跟着他们的脚步一起成长。还有一点,在这样的过程中,我们如果能以身作则为孩子提供示范, 对孩子来说, 是最打动孩子乖乖听话的举措,同时,这也让亲子关系得到极大的改善,因为他们会发自内心地对妈妈有着更高程度地认可。

妈妈们,专注力教育绝非易事,但也真的没有你想得那么难。更为关键的是,教育孩子的同时,也是教育我们自己,增进我们和孩子之间的感情。这是一件双赢的事,何乐而不为呢?